Die Beobachtung des Denkens

und

Die Intuition

AF177407

in

Rudolf Steiners

„Die Philosophie der Freiheit"

Kai Gabriel Priebe

Die Beobachtung des Denkens
und
Die Intuition

in
Rudolf Steiners
„Die Philosophie der Freiheit"

Die genaue Analyse
2019

Dem Leser wird empfohlen, das Buch auf jeder Seite kräftig aufzubiegen, damit es flach auf dem Tisch liegen kann.

© 2019 Kai Gabriel Priebe

1. Auflage

Verlag und Druck: tredition GmbH, Halenreie 40-44, 22359 Hamburg

978-3-7497-9335-8 (Paperback)
978-3-7497-9336-5 (Hardcover)
978-3-7497-9337-2 (e-Book)

Bibliografische Information der Deutschen Nationalbibliothek: Die Deutsche Nationalbibliothek verzeichnet diese Publikation in der Deutschen Nationalbibliografie; detaillierte bibliografische Daten sind im Internet über http://dnb.d-nb.de abrufbar.

Inhaltsverzeichnis

„Die Beobachtung des Denkens" im 3. Kapitel
von Rudolf Steiners „Die Philosophie der Freiheit"

1. Vorbemerkung 7
2. Was soll beobachtet werden? 9
3. Denkfähigkeit 17
4. Der Denkprozess 20
5. „Über" den Denkprozess 21
6. Die zu beobachtende Denk-Tätigkeit 24
7. Das genaue Beobachten 35
8. Was haben wir gewonnen? 39
9. Wahrnehmung und Idee der Beobachtung 41
10. Der Grund für die Unbeobachtbarkeit des
    aktuellen Denkens 47
11. Beschreibung der Beobachtung der Denkprozesse ... 49
12. Zitate mit solchen Beschreibungen 50
13. „Vergessen" des Denkens 51
14. Abweisung der Erinnerungsfrage 55
15. Beobachtungen an einer „anderen Person" ... 57
16. Abwege 59
17. Reines Denken und Intuition 61

Der Begriff „Intuition" in der „Philosophie der Freiheit"

1. Vorausbemerkung 63
2. Die Untersuchung 64
3. Die „philosophische" Intuition
   in Rudolf Steiners „Von Seelenrätseln" 78
4. Die „Betrachtung des Denkens" mit der Intuition 81
5. Das Geistige des Denkens ist das Geistige
   der Intuition 88
6. Intuitives Erleben 97

Was liegt der „philosophischen Intuition"
der „Philosophie der Freiheit" anthroposophisch
zugrunde? 108

Der Mensch muss bei dem Glauben verharren,
dass das Unbegreifliche
begreiflich sei.

Er würde sonst nicht forschen.

Goethe
(Über Naturwissenschaft
im Allgemeinen)

„Die Beobachtung des Denkens" im 3. Kapitel

in Rudolf Steiners
„Die Philosophie der Freiheit"

Vorbemerkung

Über dieses Thema ist viel geschrieben worden. Wir wollen uns auf neue Weise mit ihm beschäftigen und beziehen uns auf das 3. Kapitel: „Das Denken im Dienste der Weltauffassung" des oben genannten Buches, in dem erstmals die Beobachtung des Denkens genannt wird. Die Kenntnis dieses Kapitels müssen wir für den Leser voraussetzen. (Unsere Seitenangaben betreffen die 2. Auflage der Taschenbuch-Ausgabe von 1973).

Wir möchten hier gleich zu Anfang eine Bemerkung zu der Art unserer Ausführungen machen. Wir haben mancherlei Unterstreichungen, und dies auch in Zitaten, angebracht. Sie sind unserer Auffassung geschuldet, ein leichteres Verstehen zu erzielen, indem sie wie Betonungen in einer Rede zu nehmen sind, auf dass der Leser sich sogleich auf das Wesentliche eines Satzes hingewiesen sehen kann.

Auch tauchen mancherlei Wiederholungen auf, die man nicht als lästig empfinden sollte; dienen sie doch in der ungewohnten (und oft vollständig verkannten) Materie einer mit immer veränderten Formulierungen versehenen Verdeutlichung oder Auseinanderhaltung oft ähnlich erscheinender Sachverhalte.

7

Die Beschränkung unserer Untersuchung auf das 3. Kapitel hat seinen Grund in der völligen Eigenständigkeit des dort in diesem Kapitel entwickelten Begriffes der „Beobachtung des Denkens"; in dieser Form wird er in späteren Kapiteln des Werkes nicht wieder behandelt, doch nicht etwa wegen seiner Bedeutungslosigkeit, sondern deshalb, weil im 3. Kapitel der Leser erstmalig dazu aufgefordert wird, das Denken als Beobachtungs-Objekt überhaupt einmal in den Blick zu nehmen, was im alltäglichen Denken so nie geschieht. (Wir werden auf die Bedeutung einer solchen Beobachtung für das 9. Kapitel weiter unten eingehen.) Dieses Blicklenken erfolgt zunächst auf eine Weise, durch die das Denken nachträglich zu Bewusstsein gebracht werden kann, als einer Beobachtung, die jeder Mensch machen kann.

Ausdrücklich verweisen wir hier schon darauf, dass die erst im 9. Kapitel behandelte „intuitive Betrachtung des Denkens" mit der Beobachtung des Denkens im 3. Kapitel nichts zu tun hat. Denn während im 3. Kapitel das Denken nachträglich beobachtet wird, handelt es sich bei der „intuitiven Betrachtung des Denkens" des 9. Kapitels stattdessen um die Inaugenscheinnahme der Denk-Tätigkeit während des Tätigseins. Das ist ein vollkommen verschiedenes Verfahren.

Was im 3. Kapitel behandelt wird, hat wohl (in metamorphosierter Form) im 9. Kapitel eine Bedeutung, nicht aber umgekehrt. Denn alles, was vor dem behandelten Thema eines späteren Kapitels beleuchtet wird, ist natürlich für dieses spätere Kapitel von Bedeutung. Umgekehrt gilt dies nicht. Schon aus logischen Gründen.

Es ist daher unzulässig, das Spätere für das Verstehen des Früheren verwenden zu wollen. Die Intuition, (die erstmals ! im 5. Kapitel von Rudolf Steiner mit einer dort genauen Bestimmung genannt wird), kann nicht einfach aus dem 9. Kapitel in das 3. Kapitel verlagert werden, wie das von anderen Autoren leichthin geschieht.

Was soll beobachtet werden?

Es ist zweifellos das Denken. Das Denken aber ist eine Tätigkeit, die im alltäglichen „Geistesleben" der Beobachtung entgeht. Wir denken über die Dinge, aber wir denken nicht zugleich über das Denken. Die Dinge beobachten wir und durchsetzen sie mit Begriffen durch unser Denken. Wir durchsetzen aber währenddessen nicht auch das Denken selbst mit Begriffen. Denn das Denken entgeht uns. Es ist allein auf den zu denkenden Gegenstand gerichtet, nicht auf sich selbst. Den Gegenstand bringen wir nicht hervor, er ist uns gegeben. Das Denken aber ist uns nicht gegeben, denn wir sind selbst dessen Hervorbringer.

Wenn man das Denken dennoch beobachten wollte, so der Text im 3. Kapitel, so müsse man sich in einen Ausnahmezustand versetzen, von dem aus das dann aber schon stattgefundene Denken im Nachhinein in die Beobachtung genommen werden könnte. Das gegenwärtig tätige Denken sei der Beobachtung unzugänglich. Die nachträgliche Beobachtung aber sei möglich. Auf welche Weise das aber erfolgen könnte, darüber scheiden sich die Geister. Und eben diese Frage ist der Gegenstand unserer Untersuchung.

*

Wir beginnen mit einem Zitat. Rudolf Steiner: (Zitat, 3. Kapitel S. 33: „Ich kann mein gegenwärtiges Denken *nie* beobachten; sondern *nur die Erfahrungen*, die ich über meinen Denkprozess gemacht habe, kann ich nachher zum Objekt des Denkens machen.")

Und: man müsse (Zitat, S.35: „einen Ausnahme-Zustand herbeiführen, der ihm" (dem Beobachten-Wollenden) „zum Bewusstsein bringt, was bei aller anderen Geistestätigkeit unbewusst bleibt.") (Hervorhbg. Verf.).

Und (Zitat, S.35: „Die Fähigkeit...das Denken zu beobachten...(hat) bei gutem Willen jeder normalorganisierte Mensch...")

Im ersten Zitat heißt es, dass man „nur" die Erfahrungen, die man während des Erstdenkens über den Denkprozess gemacht habe, nachher zum Objekt des Denkens machen könne. Das sei die einzige Möglichkeit, das Denken überhaupt zu beobachten. („Zum Objekt des Denkens machen" heißt hier natürlich, dass die bezeichneten „Erfahrungen" – (jene über den Denkprozess) – zum Beobachtungs-Objekt für das Denken gemacht werden können.) Und wir halten fest: eine andere Möglichkeit wird (im 3. Kapitel) nicht genannt.

Nun taucht als erste Frage auf: ist das Denken, das beobachtet werden soll und das zweifellos eine Tätigkeit ist, identisch mit den genannten „Erfahrungen, die ich über meinen Denkprozess gemacht habe"? Denn wäre das nicht der Fall, dann würden zwar vielleicht irgendwelche „Erfahrungen", nicht aber die Tätigkeit selbst beobachtbar sein. Und weil diese Tätigkeit ja das Denken ist, so wäre dasselbe nicht zur Beobachtung zu bringen.

Wir haben also zu untersuchen, ob eine Identität vorliegt. Dass das Denken eine Tätigkeit ist, ist nicht zu bestreiten. Aber was ist sie? Sie muss zunächst erst einmal in Gang gesetzt werden, heißt: wir müssen sie in unserem Bewusstsein hervorbringen, denn sie ist (vorher) noch gar nicht da. Dieses Hervorbringen ist aber schon zugleich ihr Tätigsein, insofern sogleich Ergebnisse bewirkt werden: die Begriffe erscheinen im Bewusstsein, aus Untergründen, in denen sie nicht bewusst waren. Begriffe sind Gedankeninhalte.

(Zitat, „Phil.d.Fr.", 3. Kap.: „Was ich am Denken beobachte, ist...was mich veranlasst, die beiden Begriffe" (Blitz und Donner) „in ein bestimmtes Verhältnis zu bringen. Meine Beobachtung ergibt, dass mir für meine Gedanken*verbindungen* nichts vorliegt, nach dem ich mich richte, als der Inhalt meiner Gedanken.")

Diese Inhalte der Gedanken sind objektiven Charakters (wir „machen" sie nicht), wir nehmen sie nur wahr. Dieses Wahrnehmen ist *zugleich* andererseits ihr Erscheinen im Bewusstsein. Dass sie erscheinen, ist subjektiv, (von uns bewirkt), ihr Inhalt aber ist objektiv. (Selbst wenn im Denkzusammenhang ein nur vermeintlich richtiger Gedankeninhalt ergriffen wurde, so ist der ergriffene (obgleich falsch) für den so Auffassenden ein objektiver. Denn es ist sein Inhalt, und es kommt nur darauf an, welchen Inhalt *er* für *sein* weiteres Denken erfasst.)

Weitere Ergebnisse der Denktätigkeit: Verknüpfen von Begriffen nach Gesetzmäßigkeiten, die sie, gemäß ihren Inhalten, für das Denken vorgeben (Stichwort: die Inhalte bestimmen, wie wir sie zu verbinden haben). Außerdem durchsetzt das Denken Wahrnehmungen (also Gegebenes) mit den ihnen entsprechenden Begriffen und individualisiert so den allgemeinen Begriff hin auf diese eine besondere Wahrnehmung, was zur Vorstellung führt. Auch werden Begriffe solcher Wahrnehmungen verbunden mit reinen Begriffen, sowie reine Begriffe untereinander. Weiter stellt die Denktätigkeit Beziehungen, Verhältnisse und Zusammenhänge unter Begriffen und begrifflich gefassten Wahrnehmungen her. Es bewirkt die Denk-Tätigkeit den sinnvollen, jeweiligen Zusammenhang des gesamten Denkablaufs mit seinem gesetzmäßigen Aufeinanderfolgen der Begriffe. Und noch manches wäre hinzuzufügen. Das alles sind Hervorbringungen der Denktätigkeit. (Wir kommen darauf zurück.)

Als nächstes wenden wir uns dem Begriff der „*Erfahrung*" zu, die im obigen Zitat genannt ist.

Was ist unter dem Begriff „Erfahrung" philosophisch zu verstehen? Unter „Erfahrung" wird philosophisch die Kenntnisnahme einer Sinnes- *oder* einer Innenwahrnehmung verstanden. Man erfährt die Welt, heißt: *man nimmt sie wahr.* Man erfährt ein Gefühl, heißt: *man nimmt es wahr.* Es ist gleichbedeutend mit wahrnehmen, auffassen oder: „es wird einem etwas zuteil". Ein *passiver* Vorgang für den Erfahrenden.

Zur Kennzeichnung der Erfahrung: (Rudolf Steiner: „Grundlinien einer Erkenntnistheorie der Goethe'schen Weltanschauung", TB 1961, S.38). Dort heißt es: (Zitat: „Wir produzieren einen Gedankeninhalt durchaus nicht so, dass wir in dieser Produktion bestimmten, welche Verbindungen unsere Gedanken einzugehen haben. *Wir geben nur die Gelegenheitsursache her*, dass sich der Gedankeninhalt seiner eigenen Natur gemäß entfalten kann.... *Unser Geist* vollzieht die Zusammensetzung der Gedankenmassen nur nach Maßgabe ihres Inhaltes. Wir erfüllen also im Denken das Erfahrungsprinzip in seiner schroffsten Form.")

Wie leicht zu sehen, bedeutet „Erfahrungsprinzip" hier, dass die Inhalte der Gedanken erfahren, d.h. aufgefasst werden müssen, und dass sie allein bestimmen, wie gedacht werden muss. Wir können Beziehungen zwischen Gedanken nur gemäß deren eigener Inhalte durch das Denken finden, müssen uns nach diesen Inhalten richten, und diese Inhalte müssen von uns „erfahren" (heißt: entgegengenommen, wahrgenommen) werden. (Unter „wir produzieren einen Gedankeninhalt" kann natürlich nicht verstanden werden, dass wir die Neuschöpfer eines solchen wären; „produzieren" heißt hier nur, dass wir ihn (den Gedankeninhalt) wahrnehmend in das Bewusstsein produzieren..)

Wir wiederholen noch einmal aus dem (letzten Zitat aus „Grundlinien...", auf unserer hiesigen Seite 12: „Unser Geist vollzieht die Zusammensetzung der Gedankenmassen nur nach Maßgabe ihres Inhaltes.") - Diese Tatsache hat für das Verständnis des Denkens eine fundamentale Bedeutung, auf die wir weiter unten ausführlich eingehen werden. - Wir wollen aber hier bemerken, dass der Inhalt dieser Tatsache bereits aus dem von uns oben angeführten Zitat aus dem 3. Kapitel der „Phil.d.Fr." zu ersehen ist (Stichwort „Blitz und Donner", s. oben S. 11).

Erfahren ist gleichbedeutend mit Entgegennehmen, Wahrnehmen, zuteil werden. - Wenn es oben hieß, (Zitat: „Ich kann mein gegenwärtiges Denken nie beobachten; sondern nur die Erfahrungen, die ich über meinen Denkprozess gemacht habe, kann ich nachher zum Objekt meines Denkens machen,") - so heißt dies eindeutig - weil beim Erst-Denken der Denkprozess „unbewusst" bleibt (s. unser 2. Zitat), dass es sich während des Erst-Denkens um unbewusste Erfahrungen über den Denkprozess handelt.

Denkprozess bedeutet: der Denkverlauf, wie er beim Erstdenken stattgefunden hat; seine Gedankenverbindungen und ihre Abhängigkeiten voneinander gemäß ihrer Inhalte; alle zur Anwendung gekommenen Gesetzmäßigkeiten etc. (Wir werden weiter unten den Begriff „Denkprozess" genauer untersuchen.)

Wir wenden uns erneut dem obigen ersten Zitat zu: (Zitat, „Phil.d.Fr.", Seite 33, zweiter Halbsatz: „...; sondern nur die Erfahrungen, die ich über meinen Denkprozess gemacht habe, kann ich nachher zum Objekt meines Denkens machen")

„Zum Objekt meines Denkens machen" heißt: erst habe ich etwas zu beobachten und anschließend das Beobachtete (eine Wahrnehmung) mit dem Denken zu durchsetzen, um den Begriff dieser Wahrnehmung zu bilden. Diese Wahrnehmung (das zunächst nur dem reinen Beobachten Zugängliche) ist dasjenige, was beim Erst-Denken „erfahren" wurde. Denn es ist das Erfahrene. Natürlich ist es nicht der bloße Begriff: „Erfahrung", der beobachtet wird; der weist ja nur darauf hin, dass ein Etwas erfahren wurde. Und nur auf dieses Etwas kommt es hier an. Dieses Etwas konnte während des „gegenwärtigen" Erst-Denkens nicht - („nie") – beobachtet werden. Aber es wurde dennoch „erfahren". Folglich erfuhr der Erst-Denkende ein Etwas, das ihm nicht zu Bewusstsein kommen konnte, (wir sortieren hier ja nur innerhalb des Zitats).

Was aber kann der Erst-Denkende unbewusst erfahren haben? Die gedachten Begriffe waren es nicht, denn die wurden ihm durch seinen Denkvorgang bewusst. Die konnte er ja Anderen mitteilen. Unsere Frage hat also zu lauten: welches Etwas kann er denn erfahren haben, was ihm beim Denken entgangen ist? Zur Beantwortung dieser Frage müssen wir untersuchen, auf welche Weise er die Begriffe nacheinander gebildet hat. Er hat ja nicht wahllos irgendwelche Begriffe an einander gestückelt. Es war ja (was wir hier voraussetzen!) ein sinnvoller Zusammenhang von Gedanken.

Wollten wir ihn fragen, wie er denn wissen konnte, welcher Begriff von ihm nach welchem nächsten, dazu passenden Begriff zu bilden war, so würde er (berlinerisch) sagen: „Det wees ick doch nich, det kann ick ebn". Und da haben wir's! Er kann es „ebn". Ja, woher denn? Natürlich aus seiner Fähigkeit zu denken. Aber er hat das Anwenden dieser Fähigkeit doch gar nicht bemerkt! „Ebn"! Natürlich nicht. Denn dieses gekonnte Anwenden blieb gänzlich unbewusst für ihn. Ja, warum blieb es denn unbewusst?! Weil das bei Anwendung irgendeiner Fähigkeit immer so ist. Kein (gesitteter) Mensch muss (mühsam) probieren, wie er den Löffel beim Essen der Suppe zu halten hat. Er hat's als Fähigkeit gelernt.

Das Einzige, das einzig Mögliche, das „unser Berliner" erfahren haben kann während des Denkens, das sind folglich die erlernten Gesetzmäßigkeiten, nach denen Begriffe für einen Gedankengang geordnet aufeinander zu folgen haben. Mit anderen Worten: der genaue denk-gesetzmäßige *Ablauf* von *Gedankenverbindungen*, den er durch sein Denken-Können unbewusst angewendet hat, der wurde ihm (ohne ihm bewusst zu werden) durch seine erlernte Denk-Fähigkeit zuteil. Den (diesen gesetzmäßigen Ablauf) hat er unbewusst wahrgenommen, eben: erfahren. Und nur dadurch hat er einen geregelten Gedankenablauf produziert. Dieser Gedankenverlauf ist der hier genannte „Denkprozess", den er unbewusst zustande gebracht. Über dessen gesetzmäßigen Ablauf (wie er einzurichten ist beim Denken seiner von ihm gewünschten Denk-Aussage) hat er seine Erfahrung gemacht.. Und das, *w a s* er da zur Anwendung gebracht hat, - also das Ergebnis - , und über dessen daraus folgenden stattgefundenen Verlauf er jene Erfahrung gemacht hat: d a s s o l l b e o b a c h t e t werden: nachher.

Ja, Halt! wird da gerufen: es gibt doch auch noch Anderes beim Erst-Gedachten, das gleichfalls unbewusst erfahren wurde; das sei doch zum Beispiel das Produzieren, also Hervorbringen von Begriffen ins Bewusstsein. Das hätte „der Berliner" doch auch nicht gewusst, wie er das zu machen habe; er hat es doch ebenfalls unbewusst erfahren

Doch gehört ja das Hervorbringen eines Begriffes zum Denkprozess dazu; denn welcher Verlauf der Gedanken könnte ohne die Bildung von Gedanken (also deren Hervorbringen) auskommen? Aber es kann hier das Beobachten doch auch nur ein philosophisches sein: eben <u>dass</u> hervorgebracht wird, <u>dass</u> ein Begriff im <u>Bewusstsein</u> <u>erscheint</u>. Oder glaubt man etwa, auf philosophische Art (also mit der <u>Vernunft</u>!) <u>in</u> ein <u>Unbewusstes</u> blicken zu können, um das Hervorgehen eines Begriffes aus <u>demselben</u> beobachten zu können? Vom „<u>Sichtbarwerden</u>" eines „<u>übersinnlichen</u>" Vorganges kann ja doch gar keine Rede sein.

Wir halten hier fest, dass der <u>Denkprozess</u> <u>un</u>bewusst *während* des Denkens *erfahren* wird, denn diese Erfahrungen, die man <u>während</u> des Denkens gemacht hat, können erst „<u>nachher</u>" durch Beobachtung <u>bewusst</u> werden. Und weiter, dass diese Erfahrungen <u>erst</u> <u>nach Abschluss</u> des Denkvorgangs gesondert beobachtbar und *dadurch* erst <u>bewusst</u> gemacht werden können.

Der Begriffszusammenhang: „<u>unbewusste Erfahrung</u>" mag ungewohnt sein, bezeichnet aber etwas, das uns im Alltag gut vertraut, aber selten von uns beachtet wird: <u>unsere Fähigkeiten</u>. Diese stellen Fertigkeiten dar, die wir selbstverständlich (eben <u>unbewusst</u>) anwenden, ohne uns das zu vergegenwärtigen. Die *Fähigkeit* des <u>handschriftlichen Schreibens</u> zum Beispiel haben wir gelernt und können es; wir schreiben zügig dahin, ohne uns <u>während des</u> <u>Schreibens</u> der Anwendung dieses Könnens bewusst zu sein, das heißt: <u>wie</u> wir das vollbringen. Wir <u>können es</u> und wenden es an.

<u>So auch</u> bleibt uns <u>während</u> des Denkens auch der durch unser <u>Denken</u>-Können vermittelte *Denkprozess* <u>unbewusst</u>, d.h. <u>wie</u> wir Gedanken mit Gedanken gesetzmäßig verbunden haben: das wurde <u>uns zuteil</u> aus unserer Denkfähigkeit, die wir uns <u>im Leben</u> <u>er</u><u>worben</u> haben und die uns als <u>Können</u> zur Verfügung steht, ohne dass uns die Anwendung solchen Könnens während des Denkens bewusst ist. – Wir denken die Gedankenabläufe folgerichtig, wissen aber nicht auch <u>zugleich</u>, <u>wie</u> wir das machen.

Denkfähigkeit

Beim alltäglichen Denken müssen wir nicht jedes Mal, wenn wir einen Gedankenablauf hervorbringen wollen, einen nachfolgenden Gedanken daraufhin prüfen, ob er mit dem vorangehenden Gedanken verbunden werden könne oder nicht, ob er streng mit ihm zusammenhinge, und so fort: wenn wir so jedes Mal vorgehen müssten beim Denken (Ausnahmen siehe unten): wir kämen nie zu einem Ende. Wir müssten fortwährend mühevoll jede nächste angestrebte Begriffs-Verbindung durch Prüfen und Probieren während des Denkens ins Bewusstsein bringen.

So verfahren wir aber gar nicht beim täglichen Denken. Wir denken ja munter drauflos (und meistens ist es richtig). Statt des immer wieder neuen Prüfens haben wir die Fähigkeit zu denken in unseren Kinderjahren erworben. Diese Fähigkeit vermittelt uns, wie es geht: fassen wir den ersten Gedanken, so gibt uns unsere Denk-*Fähigkeit* wie selbstverständlich die Verbindung zu einem zweiten nach Maßgabe beider Inhalte. Wir müssen nicht jedesmal neu prüfen – wir *können* es, weil wir das Denken gelernt haben; es ist uns zur Fähigkeit geworden.

Dieses Können *vermittelt* uns die Gedanken-Zusammenhänge, ihre Verläufe, ihre Verhältnisse untereinander, ihre Abhängigkeiten voneinander; ein Können, das wir gewöhnlich souverän beherrschen, ohne währenddessen zu beachten, wie wir es machen. Dabei sehen wir nur auf den Strom der in das Bewusstsein gebrachten Begriffe – eben diejenigen, die wir denken wollen. Aber wir sehen nicht auf das „Wie", auf welche Weise und nach welchen Gesetzmäßigkeiten wir es machen. Das „Wie" ist unsere Fähigkeit.

Dieses „Wie", der gesetzmäßige Ablauf der Gedanken, ist unsere *unbewusste* „Erfahrung" aus unserer erworbenen Fähigkeit: *wie*

wir denken, *wie* der Gedankenablauf mit seinen Eigentümlich-
keiten, Verbindungen und Gedanken-Verhältnissen einzurichten
ist, kurz: wie *unser Denkprozess* einzurichten ist. Das erfahren wir
durch unsere erlernte *Denk-Fähigkeit*. Wir nehmen es *unbewusst*
zur Kenntnis. Und *diese Erfahrung* ist ganz selbstverständlich eine
unbewusste *Wahrnehmung:* Die Gedanken-Verläufe in deren Gesetzmäßigkeiten werden uns *unbewusst* aus unserem erlernten
Denken-Können zuteil. Wir wissen, wie es geht, ohne es uns während des Denkens bewusst zu machen.

Wir können nicht die Begriffe „grün" und „Pferd" unmittelbar verbinden zu: „grünes Pferd", sondern wir können selbstverständlich
beide nur auf Umwegen erst durch weitere Begriffe miteinander
verknüpfen. Eben das haben wir als Kind gelernt, immer wieder
nachahmend im Bewusstsein probiert, bis wir es konnten.

Dieses Können als Denk*fähigkeit* vermittelt uns beim alltäglichen
Denken die Denkgesetzmäßigkeiten: Wir nehmen sie als Ergebnisse unserer Fähigkeit entgegen. Das ist das „Erfahren" während
wir denken; das wird uns „unbewusst" (S.35) zuteil; wie bei jeder
anderen Fähigkeit auch, ohne uns die jeweilige Anwendung jener
Denkgesetze zu Bewusstsein zu bringen.

Dieses „unbewusste" Zuteil-Gewordene kann uns erst nachträglich
durch Beobachtung bewusst werden; das heißt, wenn wir inne-
halten, uns auf das gerade Gedachte besinnen und den erfolgten
Denkablauf ins Auge fassen. (Die oben genannten „Ausnahmen"
betreffen Denkprozesse, die uns nicht in jedem Falle durch unsere
erlernte Denkfähigkeit vermittelt werden konnten: Wenn wir als
Nichtmathematiker eine mathematische Aufgabe zu lösen haben,
müssen wir in diesem Falle jeden Schritt, jeden Begriff daraufhin
prüfen, ob er sich nach gesetzmäßigen Verhältnissen mit dem vor-

ausgehenden verbinden lässt. Dies wird uns *als Laien* nicht einfach zuteil.)

Wir fassen zusammen: Die erworbene Fähigkeit zu denken lässt den Denkenden (während er denkt) die Zusammengehörigkeit der jeweiligen Gedanken auf denk-gesetzlich richtige Weise denken. Er bringt einen geregelten, also genauen *Denkprozess* zustande, dessen Regeln er souverän handhabt, ohne sich dieses Könnens und dessen Anwendung dabei bewusst zu werden. Das alles wird ihm unbewusst zuteil. Er erfährt diese Denk-Gesetzmäßigkeiten aus seiner Denk-Fähigkeit, weiß aber, während er selbst denkt, nicht das Geringste davon; er denkt den Denkprozess, den Denkverlauf, dennoch folgerichtig; denn für das Denken (Zitat, S.34: „...*kennen* wir das Charakteristische seines Verlaufs, die Art, wie sich das dabei in Betracht kommende Geschehen vollzieht.")

Den noch zweifelnden Leser wollen wir hier fragen, woher wir sonst das „Charakteristische seines Verlaufs", „die Art des Geschehens" (des Denkens) wüssten, wenn wir es nicht gelernt hätten (?). Er möge einen anderen stichhaltigen Grund nennen: er wird ihn nicht finden. Natürlich ist es keine Gabe bei der Geburt, kein Können eines „Naturtalents". Ein Eineinhalb-Jähriger kann es nicht einfach schon kennen. Wir haben es selbstverständlich als eben solches Kind nach und nach gelernt, so dass es uns schließlich zur Fähigkeit geworden ist. Dieses „Kennen" des „Verlaufs", auf welche Weise allein die Gedanken zu verbinden sind, stammt aus dieser erworbenen Fähigkeit.

Während des gegenwärtigen Denkens weiß man nichts von dieser Fähigkeit. Man hat sie, man wendet sie an, und das genügt für ein folgerichtiges Denken. Dabei hat man den Blick nur auf das Zu-Erreichende und allein auf dieses gerichtet: das ist der angestrebte Inhalt des Gedankenganges in Form von Begriffen, die man durch diese unbewusste Fähigkeit in das Bewusstsein hervorgebracht hat. Die hervorgebrachten Begriffe selbst hat man dann im Bewusstsein.

Der Denkprozess

Nicht im Bewusstsein hat der *gegenwärtig* Denkende, *wie, auf welche Weise* er die Gedankenverbindungen zustande gebracht hat. Dieses „Wie", „auf welche Weise": das ist ihm verborgen geblieben. Bewusst war er nur in seinem Motiv und in den im Bewusstsein auftauchenden Begriffen, *nachdem* er sie selbst hervorgebracht hat, ohne zu wissen, „wie". (Nebenbei bemerkt, bleibt natürlich auch sehr viel anderes beim Denken unbewusst: so wissen wir vom Hervorbringen selbst nicht, wie wir das machen. Kein Mensch kann im gewöhnlichen Bewusstsein erkennen und wissen, wie er einen Begriff etwa gerade ins Bewusstsein bringt; oder welche Vorgänge zum Hervorbringen überhaupt vonstatten gehen. Wir wollen denken und es geschieht.)

Den *Denkprozess*, also den Verlauf und die Art der Gedankenverbindungen, haben wir ganz untergründig, nicht-wissend *erfahren*. Und das heißt, wir haben während des Erst-Denkens unbewusst aus unserer Denkfähigkeit *erfahren*, wie eine Gedanken-Abfolge nach gedanken-gesetzlichen Regeln einzurichten ist. Diese unbewussten „Erfahrungen", d.h. wie man gedacht hat, nach welchen Gesetzmäßigkeiten man welche Gedankeninhalte verbunden hat, sind nachträglich in den Blick zu nehmen: das heißt: das *„Denken beob- achten"*, denn das ist der zu beobachtende Denkprozess.

Wir wollen anmerken, dass beachtet werde, dass man nachträglich – *nicht etwa* - das Erfahr-en (als Vorgang) beobachten kann, sondern selbstverständlich nur dasjenige, was durch diesen (ja nie durchschaubaren) Vorgang zur (*unbewussten*) Erfahr-*ung* des Erst-Denkenden gebracht wurde. Das ist ein entscheidender Unterschied. „Erfahrung" ist dasjenige, was erfahren wurde. -

Die Gedanken-Abfolgen und die Gedanken-Verbindungen werden durch eine Tätigkeit bewirkt. Verfolgt man bei der Beobachtung des Denkens *diese* Abfolgen, *diesen* Verlauf, so hat man nichts anderes als die Tätigkeit im Blick. Das ist ihr Charakteristikum, dass sie sich in nichts anderem als in solchen Auseinanderfolgen, Verknüpfungen oder Durchsetzungen von Wahrnehmungen auslebt: das so vielfältige Verknüpfen ist Tätigkeit, und die beobachtet man.

Was sonst könnte in all diesen Vorgängen vonstatten gehen, wenn nicht Tätigkeit. Das ganze ist ja ein Vorgangs-Geschehen: Auseinanderfolge von Gedankeninhalten aus anderen nach bestimmten Gesetzen. Folglich ist dasjenige, was sich der Denkbeobachtung zeigt, ohne Zweifel *die Tätigkeit* als Denken selbst, die untergründig („unbewusst") während des Erstdenkens dem Denkenden „den Weg gewiesen hat, welche Inhalte von welchen Gedanken überhaupt miteinander verbunden werden dürfen," um den strengen Denkgesetzen zu entsprechen. Und das wiederum ist dasselbe, das im Text als *Denkprozess* bezeichnet wird. *Denkprozess* und *Denktätigkeit* sind identische Begriffe. (Wir kommen unten noch einmal darauf zurück und werden den Beweis für diese Auffassung führen.)

„Über" den Denkprozess

Auf (S.33) heißt es -wir wiederholen- (Zitat: „Ich kann mein gegenwärtiges Denken *nie* beobachten; sondern nur die Erfahrungen, die ich *über* meinen Denkprozess gemacht habe, kann ich nachher zum Objekt des Denkens machen.") - Dieses „über" scheint schwer verständlich zu sein. So klein das Wort, so ist es doch von Bedeutung. Wir wollen dieses Wort „*über*" im hier gebrauchten Sinne untersuchen.

Es ist durchaus <u>nur</u> in dem Sinne zu verstehen, wie wenn wir sagten: „Ich habe *über* den Charakter eines Menschen etwas erfahren"; dann <u>meinen</u> wir <u>den Charakter</u>, und nicht nur so „obenhin", sondern durchaus Genaueres, auch wenn wir dies Genauere dabei nicht aussprechen. Und wir meinen <u>in diesem Beispiel</u> das „über" <u>nicht</u> in dem_Sinne, wie wenn wir sagten: „Ich habe *über* einen <u>Nachbarn</u> von diesem oder jenem <u>Vorgang</u> erfahren.") Wie *über* <u>den Charakter</u> etwas erfahren wird, so wird <u>hier</u> etwas erfahren *über* den Denkprozess *als Objekt.*

<u>Nicht</u> der *begriffliche* Bewusstseinsinhalt, der <u>durch</u> den Denkprozess <u>gewonnen</u> wurde, wird erfahren, sondern der *Denk-Prozess* <u>selbst.</u> Das „über" ist <u>nicht</u> durch <u>Synonyma</u> wie etwa „<u>durch</u>" oder „<u>mit Hilfe des</u>" Denkprozesses zu ersetzen; denn dann hieße „Erfahrungen <u>durch</u> den Denkprozess" oder „<u>mit Hilfe des</u> Denkprozesses machen", dass man <u>durch</u> oder <u>mit Hilfe</u> des Denkprozesses etwas <u>als Resultat</u> erfahren habe. Beide „Synonyma" lassen uns nur auf das *Ergebnis* des Denkvorganges blicken, (das sind aber <u>die Begriffe</u>, die dem Denkenden ja während des Erstdenkens <u>bewusst</u> waren); beide Worte lassen <u>nicht</u> auf den <u>Vorgang „Denkprozess" selbst</u> blicken, sondern nur auf das <u>Resultat</u> des Denkens.

Man könnte noch – <u>einwendend</u> - (etwa <u>als Variante</u> für das Verständnis) versuchen, das „*über*" durch (1. „*in Form*" oder 2. „*als*") zu ersetzen. Wir versuchen es: (1. „*In Form*", d.h. ich habe Erfahrungen <u>in Form</u> meines Denkprozesses gemacht - das heißt: meine <u>Erfahrungen</u> <u>waren</u> mein <u>Denkprozess. Das trifft zu.</u> Aber <u>weitere</u> Aussagen werden nicht gemacht.) - (2. „*als*", d.h. ich habe Erfahrungen <u>als</u> Denkprozess gemacht, - das heißt: meine <u>Erfahrungen</u> <u>waren</u> mein <u>Denkprozess; auch das ist richtig</u>, aber auch hier wird <u>keine</u> weitere Aussage gemacht.)

Nun kehren wir zu unserem „*über*" zurück und versuchen es eben-so. („*Über*", d.h. ich habe Erfahrungen *über* meinen Denkprozess gemacht – und da ist sofort erkennbar, (erkennbar im Gegenbild zu „in Form" und „als"), dass – neben der Bestätigung, dass ein Denkprozess erfahren wurde – jetzt offensichtlich gleichzeitig ein bestimmter Ablauf des Denkprozesses ins Auge gefasst werden kann, „über" dessen „Verlauf" ich Erfahrungen gemacht habe. „Über": wie „über" den Charakter etwas erfahren wurde. So ist auch hier der *Denkprozess* selbst das Objekt, das erfahren wurde. Es öffnet sich dem Blick die Aussicht auf einen zu vermutenden vielgestaltigen Verlauf, (obwohl das Vielgestaltige selbst nicht be-nannt wird).

Das „über" weist hin auf das Erfahren-Haben eines vielgestaltigen Verlaufs von Verknüpfungsarten der gefassten Gedanken unter-einander, ihrer plastischen Abläufe, ihrer Abhängigkeiten von-einander. Und *über* diesen Verknüpfung-*Verlauf* erfährt man, auf welche Weise man ihn (den Verlauf) einzurichten hat. Das ist es, was man erfährt *während* des gegenwärtigen Denkens; unbe-wusst – *aus dem Quell des erlernten Denkvermögens* - . Das „Über" beinhaltet zweierlei: erstens, dass ein Denkprozess erfahren wurde; zweitens, dass über dessen Eigenart etwas erfahren wurde. - Die beiden anderen („in Form" und „als") sagen nur aus, dass überhaupt ein Denkprozess erfahren wurde. – Der Unter-schied ist deutlich zu sehen; und so auch die Präzision der Be-griffswahl: „über den Denkprozess", im Text des Buches.

Auf welche Weise solche Zusammenhänge, Einbeziehungen und Verknüpfungen zustande kommen, „über" welche man unbewuss-te) Erfahrungen gemacht hat, erläutert das folgende Zitat:

(Zitat, S. 34: „Wenn ich zum Beispiel den Gedanken der *Ursache* fasse, *so führt mich* dieser durch seinen eigenen Inhalt zu dem der

Wirkung. Ich brauche die Gedanken nur in jener Form festzuhalten, in der sie in unmittelbarer *Erfahrung* auftreten, *und sie erscheinen schon als gesetzmäßige Bestimmungen.*")

Unmittelbare *Erfahrung* bedeutet hier das Gewahrwerden der Gedankeninhalte „Ursache" und „Wirkung" im Bewusstsein.

Dies bedeutet, dass sie, die *Inhalte,* dem Denken *vorgeben,* mit welchen anderen *Inhalten* sie ausschließlich und mit strenger Gesetzlichkeit verbunden werden können. (Wer fragen wollte, woher man denn den (Zitat: „eigenen Inhalt") des „Gedankens der Ursache" oder den „der Wirkung" wüsste, dem müsste geantwortet werden: aus dem Erlernt-Haben. Woher sonst?)

Die zu beobachtende Denk-Tätigkeit

Unser Denken richtet sich nur nach den Gedankeninhalten, die der Denkende „erfährt", und die (s. obiges letztes Zitat) sogleich „als gesetzliche Bestimmungen erscheinen." - „Erfährt" heißt: dass der Denkende die Inhalte der Gedanken *wahrnimmt.* Aus dem Zitat folgt, dass der Denkende *mit* diesen Gedankeninhalten *zugleich* diejenigen Gesetze „erfährt", nach denen allein die Inhalte verbunden werden können. *Gleichzeitig* aber versetzt sich der Denkende *willentlich* als „Ich" („unser Geist" in Zitat S. 12 unserer Schrift) in diese Gedanken-Inhalte und deren Gesetzmäßigkeiten selbst hinein – und das bedeutet: er gleicht sich *auf solche Weise* jenen Gesetzen an, dass er sie in seinem Bewusstsein „handeln" lässt auf ihre Weise.

Und er (der Denkende) kann sie nur dann in *seinem* Bewusstsein agieren lassen, insofern er als „Ich" („unser Geist") sich willentlich (also mit seiner eigenen Tätigkeit als Wollen) in jene gesetzmässigen Verläufe hineinversetzt, so dass sie seine eigenen werden. Denn erst dann können sie *in ihm* ihre *Eigenart* geltend machen, wenn er *sie* als seine eigenen *gelten* lässt. Er will dann gar nichts anderes, als was sie „wollen". Ihr „Wollen" (heißt: ihr *gedanken-gesetzlicher Wirklichkeits-Verlauf*) ist zu seinem Wollen geworden. (Eine eigentlich überflüssige Bemerkung: „Ich" oder „unser Geist" sind nur *philosophisch* zu verstehen, wie im Zitat.)

Er als „Ich" *wird sie selbst; sie – die gedanken-gesetzlichen Verläufe.* Ihre Tätigkeit, das heißt ihr gesetzmäßiges Auseinander-Übergehen wird seine Tätigkeit. Aber sie bestimmen, *wie er tätig zu sein* hat, (wenn er nicht ganz aus ihnen heraus fallen soll). Nicht er bestimmt die Verbindungsfolgen der Gedanken, sondern *sie in ihm.* Sein Einswerden mit ihnen (den Gesetzen) *führt zum Bewusstwerden* der jeweiligen Gedanken-Inhalte und deren Verbindungen, denn sie sind *seine eigenen* geworden. Er verfährt in seinem Bewusstsein *als er selbst,* aber *in ihnen* (den Gedanken-Gesetzen), nach deren eigenen Bestimmungen. *Nicht* sich selbst kommt er dabei etwa zu Bewusstsein, sondern er kommt *in seiner so gearteten Tätigkeit* zu Bewusstsein. Mit anderen Worten: *er weiß,* dass er - jenen folgend - *tätig* ist.

Wir wollen ein schon früher hier angegebenes Zitat in Erinnerung rufen: (Rudolf Steiner: „Grundlinien einer Erkenntnistheorie der Goethe'schen Weltanschauung", TB 1961, S.38). Dort heißt es:

(Zitat: „Wir produzieren einen Gedankeninhalt durchaus nicht so, dass wir in dieser Produktion bestimmten, welche Verbindungen unsere Gedanken einzugehen haben. Wir geben *nur die Gelegenheitsursache* her, dass sich der Gedankeninhalt seiner eigenen Natur gemäß entfalten kann.... „Unser Geist" vollzieht die Zusammensetzung der Gedankenmassen nur nach Maßgabe *ihres Inhaltes.* Wir erfüllen also im Denken das Erfahrungsprinzip in seiner schroffsten Form.") (Hervorhebg. u. Anführgs.-Z., Verf.)

Zum Zitat: Die „*Gelegenheitsursache*" ist unser Bewusstsein. Nur wenn wir die Gelegenheitsursache hergeben für die *Entfaltung* des Gedankeninhaltes gemäß dessen eigener Natur, dann geht nichts anderes im Bewusstsein vor sich, als der oben genannte gesetzmäßige Verlauf der Gedankeninhalte. Wir lassen demnach den Gedankeninhalten *ihren* gesetzmäßigen Ablauf von einem zum anderen sich vollziehen und sorgen (mit dem Willen „unseres Geistes", s.Zitat) dafür, dass sie (diese Abläufe) *in* unserem Bewusstsein vonstatten gehen und sie (die Abläufe) daher bewusst werden können.

Die genannte „*Gelegenheitsursache*", die wir „hergeben", auf dass die Abläufe „sich entfalten können" (s. Zitat), ist unser Sich-ihnen-Angleichen durch unseren Denkwillen – ein Vorgang, der zugleich zur *Bewusstwerdung* führt. Der Wille bewirkt das *gesetzmäßig richtige Voranschreiten* des „Ich" von einem Gedanken zum nächsten, aber nur wie die Gedankeninhalte und ihre gleichzeitig ihm erscheinenden Denkgesetze es vorgeben.

Das aber *ist die genaue Charakterisierung des Denkens*. Das Denken findet statt in uns dann, wenn unsere von uns „hergegebene *Gelegenheitsursache*" (s. Zit.) sich den Denkgesetzen so weit angeglichen hat, dass die „Gelegenheitsursache" diesen Denkgesetzen den *ihnen* entsprechenden Boden bereitet hat, auf dass sie stattfinden (wirken) können. Die „*Gelegenheitsursache*" ist nichts anderes als die von „unserem Geist" (dessen Denkwillen) zubereitete *Bewusstseinsgelegenheit*.

Man kann daraus ersehen, dass „unser Geist" es ist, dessen Denk-Wille diesen „unseren Geist" (*also sich selbst*) *in* die Gesetzmäßigkeiten der Gedanken *hinein* versetzt, und so die einzelnen Gedankeninhalte bewusst werden lässt. Mit anderen Worten: die Gedanken mit ihren Inhalten bestimmen ihre eigene Zusammengehörigkeit selbst, und „unser Geist" versetzt sich nur – sie bewusst-werden lassend – in sie hinein. Und das heißt: *Die Gedanken arbeiten selbsttätig(!)*. Unsere Tätigkeit ist nur das Mit-ihnen-Mitgehen, also eben dieses Hineinversetzen *in sie so*, dass dieses Hineinversetzen zugleich *das Bewusstwerden* ist.

Das „*Denken*" ist also etwas ganz anderes, als dasjenige, was man naiv vermutet. Wenn es im letzten Zitat hieß, „...wir produzieren einen Gedankeninhalt...", dann heißt dies eben nur, dass wir denselben lediglich ins Bewusstsein bringen; dass wir ihn in das Bewusstsein produzieren, hinein-führen. Alles andere überlassen wir den Denkgesetzen. Wir stellen nur die Bedingungen her, dass das *Bewusstwerden* den Gesetzen gemäß erfolgen kann.

Und so können wir hier auch ein rechtes, *erstes* Verständnis gewinnen für das sogenannte *Reine Denken*: dieses ist nichts anderes als der denk-gesetzlich strenge Verlauf der Gedankeninhalte aus- und untereinander, *wie er den Wahrheits-Gesetzen der Gedankenwelt entspricht*; (das sind die einzig *wahr-haftig für das Erkennen der Wirklichkeit* allein zusammengehörigen Gedankeninhalte mit ihren auseinander sich entwickelnden Gedankenverläufen.)

Dazu ein Zitat. (Zitat Rudolf Steiner, Vortrag Sept. 1915, ,Schwierigkeiten des Eindringens in die geistige Welt': „Sondern erst dann stellt" – *jemand* - „sich in der richtigen Weise zur ,Philosophie der Freiheit', wenn er gerade das, was darinnen lebt, wegen der Art und Weise nimmt, wie die Gedanken immer *auseinander herauswachsen* und sich stützen...Wenn man es nun wirklich dazu gebracht hat, so *denken* zu können, dass man den reinen Gedanken erfasst hat ... dann ist das *eigene Gemüt* heraußen – das *Ich* ist heraußen. Daher auch das Strenge, das man fühlt, wenn man beim *reinen Denken* angekommen ist...Man ist wirklich mit seinem *Ich* unbeteiligt. *Das Denken selber denkt*.")

„Das Denken selber denkt" (!).

Hier ist in unserer Abhandlung ein besonderer Einschub notwendig. (Zitat, Rudolf Steiner, „Grundlinien einer Erkenntnistheorie der Goetheschen Weltanschauung. 10. Innere Natur des Denkens": „Wie erscheint uns unser Denken *für sich* betrachtet? Es ist eine *Vielheit* von Gedanken, die in der mannigfachsten Weise miteinander verwoben und organisch verbunden sind." – *kursiv* R.St.)

Eine *Vielheit* von organisch miteinander verbundenen Gedanken. Das *ist* unser Denken. Und das bedeutet nichts anderes, als dass die Gedanken, organisch ineinander übergehend, in ihrer *Vielheit* dasselbe wie unsere Denktätigkeit „sind", („unser Denken für sich betrachtet"). Denn diesen *Gedanken* – uns in sie mit unserem Willen hineinversetzend – folgen wir im reinen Denken in *ihrem* fliessenden, selbsttätigen Ineinander-Übergehen. Unser Denken ist das organische Auseinander-Wachsen der immer tätigen, ineinander übergehenden Gedanken der Gedankenwelt - das ist ihre Vielheit, (aber in vollkommenster Weise erst im Reinen Denken). Das ist die *wahre Natur unseres Denkens.*

Und das ist zweifelsfrei der *selbst-tätige* gesetzmäßige Verlauf der Gedankenverbindungen. Allerdings erst in dieser reinen Form des *Denkens.* Im *Selber-Denken des Denkens* herrscht die „Strenge" (s.Zit.) der Denk-Gesetze, denen das „Ich" zu folgen hat im Bewusstsein. - Das *Ich* wird hier zwar als unbeteiligt beschrieben, als „heraußen". Doch muss man das Bedeutungs-Feld erst erkennen, für das diese Aussage gültig ist. Denn es bedeutet nur, dass das *Ich* nicht *den Ablauf* selbst von sich aus bestimmt: das Ich bestimmt

nicht die *Gesetze der Verbindungen* und nicht die *Gedankeninhalte*.
Diese geben sich ihm selber. Das bedeutet hier: „das Ich ist heraußen." Eben: „heraußen" als das Bestimmende.

Das *Ich* ist *nur auf die* Weise beteiligt, indem es sich (willentlich)
hineinversetzt in den *von ihm aber nicht bestimmten* Gedanken-
Ablauf; und auf diese Weise in deren Gesetzmäßigkeit mit tätig ist,
auf dass die Gedankeninhalte bewusst werden können, wie wir
das weiter oben beschrieben haben. – Für das „Ich" sind das zwei
verschiedene Dinge. Die Aussage: „Das Ich ist „heraußen" heißt
folglich, dass das Ich in den Gedankenverläufen und ihren Verbindungen *nicht* bestimmend tätig ist. Die nimmt das Ich nur wahr
und macht sie willentlich zu seiner, *durch sie bestimmten*, Tätigkeit. Aber deshalb lebt das „Ich", selbstverständlich, *tätig (!)* im
Denken. Und Das-den-Gedanken-Gesetzmäßigkeiten-Folgen ist
nicht etwa ein dem „Ich" Verliehenes, sondern im Gegenteil ein
von ihm nur mit fortdauernder *Anstrengung* Auszuführendes.

Daher als ein Resultat *nachträglicher Beobachtung des Denkens*
das folgende (Zitat, 3. Kap., Zusatz zur Neuauflage 1918: Es sei zu
berücksichtigen, „... dass es das „Ich" selbst ist, das im Denken
drinnen stehend *seine Tätigkeit* beobachtet.") In diesem Zitat ist
die Beobachtung vom Ausnahmezustand aus beschrieben, (das
geht aus dem vorherig dort behandelten Thema klar hervor). Aber
dies Zitat enthüllt zugleich den *generell gültigen Tatbestand*, dass
das „Ich" im Denken stehend selbst eine *Tätigkeit* ausübt, wie wir
das oben ausgeführt haben. (Wir greifen dieses Zitat weiter unten
noch einmal auf).

Der gesetzmäßige Verlauf ist Denken. Das Denken ist nichts anderes als *dieses Verlaufs selbst-tätiges „Auseinander-Herauswachs-
en" der Gedanken.* Es gibt nicht ein Zweites, das auf irgendeine
Weise „untergründig" ein solches Auseinander-Herauswachsen

auf eine streng gedanken-gesetzliche Art bewirkt. *Diese Gesetz-mäßigkeit ist das, was Denken genannt wird.* Sie, die Gesetz-mäßigkeit, ist ein vom „Ich" ganz unabhängiges Element und beruht nur auf sich selbst; (siehe obiges Zitat zur Wiederholung: *„Das Denken selber denkt"*(!))

Und diese gesetzmäßigen Gedankenverbindungen sind wieder nichts anderes als dasjenige, was *Denkprozess* genannt wird. Das *Vorangehen* von Gedanke aus Gedanke als Gesetzmäßigkeit *ist das Denken* (und das ist es ja, was jener Wort-Teil „Prozess" im Begriff „Denkprozess" bedeutet. Procedere heißt voranschreiten): von einem Gedanken zum nächsten, das ist die *Tätigkeit* des *Denkens,* also jenes *„selber denkenden Denkens".* Die Gesetzmäßigkeit be-stimmt selbst, welcher Gedanke als nächster zu folgen hat. Sie, die Gesetzmäßigkeit, ist der Gedankeninhalte eigene Natur. Das ist die Bedeutung des oft im Text des Werkes gebrauchte Wendung: *„das auf sich beruhende Denken".*

Zur Stützung sei ein Zitat angeführt aus (R.St.: „Grundlinien einer Erkenntnistheorie der Goethe'schen Weltanschauung", 8. Kap., ,Das Denken als höhere Erfahrung in der Erfahrung', Zitat: Das Denken „als Faktor der Wirklichkeit" „ist der Gedankengehalt der Welt. Das eine Mal erscheint er *als Tätigkeit* unseres Bewusst-seins, das andere Mal als unmittelbare Erscheinung einer *in sich vollendeten Gesetzmäßigkeit,* ein in sich bestimmter ideeller In-halt".)

Wir greifen noch einmal das Thema „Wille im Denken" auf. Wille im Denken heißt nichts anderes als: das „Ich" versetzt sich wil-lentlich *in* diese Gesetzmäßigkeit; und das „Ich" folgt durch seinen Willen dieser Gesetzmäßigkeit und wird eins mit den gesetzmäs-sigen Abläufen. - Und wenn man sagte, dass das „Ich" doch immer-hin selbst auswählte, welche Gedankenrichtung innerhalb der

Welt der Gedanken eingeschlagen werden solle, so heißt das ja nur, welcher *gesetzmäßige Weg* von einem zuerst gefassten Begriff zu *welchem* weiteren gegangen werden solle. Hier ist die Wahl des nächsten Gedankens frei. Denn natürlich kann ein bestimmter Gedankeninhalt mit nicht nur *einem* anderen, sondern denkgesetzlich korrekt auch mit weiteren Inhalten direkt verbunden werden. Doch muss auf diesem neuen Wege das „Ich" als Wille wieder den auch dorthin geltenden Gesetzmäßigkeiten folgen. Man kann daraus leicht sehen, dass hier (und im besonderen Maße gilt dies für das reine Denken) der Wille und das Denken *zusammenfallen*, in eines verschmelzen. Der *Denk-Wille* ist dann nichts anderes als das *reine Denken*. Denn er, der Wille, ist ganz zur Gedankengesetzmäßigkeit geworden und von derselben nicht mehr different.

(Warum besonders das *reine Denken*? Weil das noch *nicht* reine Denken ein Denken mit Tingierung stofflicher, sinnesmäßiger Inhalte ist, die immer (als ein Fremdelement im Denken) ein Abweichen von den reinen Gesetzmäßigkeiten der Gedankenverbindungen bewirken können, und daher die Möglichkeit besteht, dass den genauen reinen Gesetzmäßigkeiten der Gedankeninhalte nicht entsprochen wird.)

Begibt sich jedoch das *Ich* durch seinen Willen vollständig in jene Denk-Gesetze mit ihren Abfolgen, dann wird ein solcher Wille der Denkverlauf selbst. Und das ist schließlich erst im *reinen Denken* der Fall. Denn *im reinen Denken* zeigt die Gesetzlichkeit sich in ihrer reinsten, nur der eigentlichen *reinen* Gedankenwelt angehörigen Form.

Zum Zusammenhang des „Ich" mit dem Denken sei der folgende Satz untersucht. (Zitat, 3. Kap. „Zusatz zur Neuauflage 1918": Man müsse in „Erwägung ziehen", „dass nur in der Betätigung des

Denkens das „Ich" bis in alle Verzweigungen der Tätigkeit sich mit dem *Tätigen* als ein Wesen weiß.")

Wir untersuchen den Satz: das „Ich" *betätigt* das Denken; das bedeutet, dass das „Ich" sich willentlich in das Denken und dessen Verlauf hineinversetzt, wodurch der Denkprozess erst für das Bewusstsein aktiviert wird. (Ein anderes Betätigen gibt es nicht). Dadurch gelangt das Ich in alle „Verzweigungen", also in alle möglichen Übergänge von Gedanke zu Gedanke. Aber das ist nicht die „Tätigkeit" des Ich allein, denn die „Verzweigungen" als diejenigen von Gedanken-Abläufen sind die *„Tätigkeit"* des „betätigten" (!) *Denkens* und daher also die Tätigkeit beider: des „Denkens" und des „Ich". Das „Ich" bewirkt keine Gedanken-Abfolgen. Diese sind die Denk-Tätigkeit als Denkgesetzlichkeit (s. Zit.), (das „Ich" „aktiviert" nur seine *Teilnahme* im Denkprozess, um ihm, (dem Denkprozess), zu folgen).

Und als Ergebnis *weiß* das „Ich" sich mit dem *„Tätigen"* (d.i. *das durch des „Ich's" Teilnahme tätig gewordene Denken!*) *als ein Wesen*, s. Zitat. [Zwischenbemerkung: was soll hier „tätig gewordenes Denken" bedeuten? Das Denken soll doch angeblich ein Selbst-Tätiges sein! Wieso – so könnte man fragen – ist denn die Teilnahme des „Ich" dazu notwendig? Antwort: Das „selber denkende Denken" ist in sich selbst immer in fließender Bewegung. Die Gedanken gehen fortwährend aus sich heraus ineinander über. Wir halten einen davon gelegentlich nur fest (z.B. als den entsprechenden Begriff für eine Wahrnehmung). Doch würde das „Ich" von dieser fortwährenden Bewegung (tätigem Ineinander-Übergehen) nichts wissen, wenn es jene selbst-tätige Bewegung des Denkens sich nicht zu Bewusstsein bringen könnte. Das aber kann das „Ich" nur, wenn es sich durch eigene „Ich"-Tätigkeit in das „selber denkende Denken" hineinversetzt. Deshalb heißt hier im Zitat das „tätig gewordene Denken": es ist *„für" das Bewusstsein*

ein dadurch *erkennbar* Tätiges geworden. Denn dem „Ich" gegenüber kann sich alle ja nur *für das Bewusstsein* ereignen. Und mit
diesem so erkennbar „*Tätigen*" weiß das „Ich", das seine „Ich"-
Tätigkeit in jenem ausübt, *sich als ein Wesen*.

Das zuletzt genannte „Tätige" im Zitat ist nicht das „Ich", denn
sonst müsste sich das „Ich" mit sich selbst als ein Wesen wissen:
d.h. das tätige „Ich" müsste sich als tätig wissen. Das weiß es aber
bei jedem gewollten Denken schon ohnehin. Hier aber ist die Tatsache hervorgehoben, dass das „Ich" zu der *Erkenntnis* kommt,
dass es (das „Ich") mit einem anderen „Tätigen" sich als *eines*
weiß. Und das ist das „selber denkende Denken". - Das ist etwas
anderes. - Thema ist *nicht*, welches Verhältnis das „Ich" zu sich
selbst hat, sondern welches Verhältnis *es* zu diesem „*selber denkenden Denken*"(!) hat. Thema ist in diesem Satz folglich das
Identisch-Werden von „Ich" und – diesem - *Denken*: diesem „Selber
denkenden-Denken".

Die Besonderheit in diesem Zitat ist die *Bedeutungs-Metamor-
phose* von Betätigung, Tätigkeit und Tätigem innerhalb eines ein-
zigen Satzes: ist die „Betätigung" noch eine solche des Ich, so ist
die genannte „Tätigkeit" schon diejenige beider (Ich und Denken);
und das „Tätige", mit dem sich das „Ich" als ein Wesen weiß, ist
nichts anderes als das zu Bewusstsein gekommene *Denken selbst*.
Diese jeweiligen Bezüge sind entsprechend ihrer Zusammenhänge
ins Auge zu fassen.

Wie leicht zu sehen, erfährt man zugleich mit dem Inhalt der Gedanken ihre *gesetzmäßige Bestimmung*, ihren gemäß ihrer Inhalte gesetzmäßigen Zusammenhang untereinander. Und – um
wieder auf *unser Generalthema* zurück zu kommen: eben dies
erfährt der *gegenwärtig* Denkende; dieses *Erfahrene* wird ihm –
aber eben *nur als gegenwärtig* Denkender – unbewusst zuteil.

*Wir fahren mit unserer Untersuchung zur *Beobachtung des Denkens* fort. Wenn man das Denken beobachtet, (Zitat, S. 31: „muss man sich darüber klar sein, dass man *bei der Beobachtung des Denkens* auf dieses ein Verfahren anwendet, das für die Betrachtung des ganzen übrigen Weltinhaltes den normalen Zustand bildet, das aber im Verfolge dieses normalen Zustandes für das Denken selbst nicht eintritt.") – Wir fragen, was das für ein Verfahren sei. Es ist schlicht das Beobachten der Dinge der Welt, ihr Durchsetzen mit Begriffen sowie das begriffliche Herstellen ihrer Beziehungen untereinander etc. Und Gleiches sei auf das zu beobachtende Denken anzuwenden.

Wir wählen als Beispiel das handschriftliche Schreiben. Man beobachte Jemanden beim Schreiben. Das ist ganz gewiss eine Tätigkeit. Wir fragen: sieht man *Tätigkeit*? Natürlich nicht, denn Tätigkeit ist ein Begriff. (Man zeige einmal auf „Tätigkeit"; es ist nicht möglich, wie es etwa auch unmöglich ist, auf „Ursache" zu zeigen.) Was aber möglich ist, das ist das Beobachten der verschiedenen sichtbaren Manifestationen dieser Tätigkeit und ihr Durchsetzen mit Begriffen: etwa das Halten des Stiftes, die Bewegungen der Hand, das Erscheinen der Buchstaben, ihr fortlaufendes Auseinander-Hervorgehen etc. Das alles sind mit Begriffen durchsetzte Wahrnehmungen. Sie alle zusammen sind aber nur die einzelnen, mit Begriffen durchsetzten wahrnehmbaren Elemente des *zu fassenden Begriffes*: Schreib-Tätigkeit. – So verfahren wir beim *gewöhnlichen* Beobachten der Welterscheinungen und beim Denken über sie immer. Und sagen daher: wir beobachten die Schreibtätigkeit.

Und so sei *auch* das Verfahren beim Beobachten des Denkens einzurichten (s. letztes Zitat). Und das hieße: zu beobachten, wie ist gemäß des *Inhaltes* eines Gedankens gesetzmäßig ein dazugehöriger nächster Gedanke hervorgebracht und also zu ihm in

Beziehung gesetzt worden. - Und wie ich anhand der Beobachtung des Schreibenden den Begriff bilde: Schreibtätigkeit, so muss ich es auch hier bei der *Beobachtung des Denkens* natürlich genau so machen, (Zitat oben: wie bei dem „ganzen übrigen Weltinhalte") – und anhand der Manifestationen (hier: inhaltsgemäßes gesetzmäßiges Zusammengefügtsein der Gedanken) den Begriff bilden - (was ja nichts anderes heißt, als zu der *Erkenntnis* zu kommen): das ist Denk-„Tätigkeit".

Das genaue Beobachten

Versuchen wir *noch einmal* das *Zu-beobachtende Denken* genau in den Blick zu nehmen, und das Beobachten genau zu untersuchen. Manches Folgende wird sich mit dem bisher Gesagten etwas überschneiden müssen.

Selbstverständlich gewahren wir im zuvor Gedachten die *Begriffe*. Von diesen sagten wir schon, dass sie dem Erst-Denkenden während seines Denkens bewusst wurden. Um diese Begriffe geht es daher nicht. Denn es soll ja ein zuvor *Nicht*-Bewusstes beobachtbar sein. Aber – und das ist hier sehr wichtig – diese Begriffe sind selbstverständlich unsere Ausgangsorte für unsere nachträglich beobachtende Untersuchung des Denkverlaufs. Denn anders als mit den Begriffen können wir nicht beginnen, wenn wir deren Übergehen in andere Begriffe in den Blick nehmen wollen. Wir fassen also einen ersten Begriff ins Auge und verfolgen, welcher zweite Begriff aus diesem herausentwickelt wurde.

Ein Beispiel. Der Erst-Denkende habe gedacht: „Freiheit ist ein hohes Gut". Das Gut ging aus Freiheit hervor, Gut ist ein anderer, mit dem Begriff Freiheit eng verbundener Begriff und in diesem enthalten. Er ist eine bestimmte Qualität (oder Wertschätzung) der Freiheit. Das ganze wurde daher mit dem „Sein" verbunden, um als Urteil diese Wertschätzung zu bestimmen. Aus dem (nicht genannten) „Sein" wurde „ist" entwickelt als einer Gegenwarts-Form des Verbums. Das Urteil wurde durch das „ist" gefällt. Der Begriff <u>Freiheit</u> ging in den Begriff <u>Gut</u> (als dem unmittelbar mit Freiheit verbundenem) über und beide wurden durch „ist" <u>zu einem</u> gemacht. „<u>Freiheit</u> *ist*" (ein hohes) *<u>Gut</u>*".

Wenn wir <u>beobachtend</u> zum „Gut" wollen, müssen wir beim <u>nachträglichen</u> Beobachten diesen Übergang oder das Auseinander-Hervorgehen durch beobachtendes Denken <u>mitvollziehen</u>. *<u>Hier</u>* können <u>wir</u> es <u>es</u>, denn wir beobachten ja <u>nicht unser gegenwärtiges Denken</u>, sondern das <u>stattgefundene</u>, <u>vorgegangene</u> Denken. Das genannte <u>Mitvollziehen</u> ist das <u>erkennende Teilnehmen</u>. Erkennend, weil wir das Beobachtete <u>mit</u> einem <u>Begriff</u> zur Erkenntnis bringen; (denn <u>Erkenntnis</u> ist, wie schon dargestellt, <u>nur</u> begrifflich möglich). Und <u>Teilnehmen</u>, weil wir <u>so</u>, wie bei dem (Zitat oben: wie bei dem „ganzen übrigen Weltinhalt ") die <u>beobachteten Vorgänge</u> denkend mitvollziehen. Und die *Denk-Vorgänge* des <u>zu</u> beobachtenden Denkens sind ja die <u>Objekte</u> unserer Beobachtung.

Indem wir den <u>Übergang</u> von einem Gedanken zum anderen mit dem beobachtenden Denken teilnehmend <u>mitvollziehen</u>, sind wir an einem eindeutigen *Vorgang* (also einem *Vollzug*, einer *Bewegung* als *Tätigkeit*) <u>denkend beteiligt</u>. Wir vollziehen diesen Vorgang des <u>Übergehens von einem zum anderen</u> Gedanken mit nachträglichem, beobachtendem Denken *<u>auf bewusste Weise</u>*, wie sie der <u>Erst-Denkende</u> *<u>auf unbewusste</u>* Weise vollzogen hat. Wir *gewahren* – (und machen es deshalb mit) – <u>ein Auseinander-Sich-Entwickeln</u>, denn wir müssen (für unsere ja anzustrebende Erkenntnis der nachträglichen Beobachtung) <u>den Vorgang wahrnehmen</u> und ihn <u>zur Erkenntnis</u> mit einem Begriff durchsetzen (wie wir das bei den „ganzen übrigen Welterscheinungen" eben auch machen müssen). Wir <u>nachvollziehen</u> *beobachtend* also <u>in</u>

unserem Beispiel einen wirklich voranschreitenden *Prozess* von einem Begriff zu einem nächsten und ebenso die Verbindung beider durch das „Sein" in Form des „ist"; und durchsetzen diese wahrgenommenen Vorgänge mit dem zu findenden Begriff: „denkende Tätigkeit".

Dieser mitvollzogene Vorgang des Auseinander-Hervorgehens ist die stattgehabte *Denk-Tätigkeit.* Sie ist (laut Zit.) „von gleicher Qualität" wie die im Nachhinein sie beobachtende Denk-Tätigkeit; denn mit dieser beobachtenden Denk-Tätigkeit müssen wir den früheren *Vorgang,* ihn zur Erkenntnis bringend, ja selbst vollziehen – auf andere Weise kann er gar nicht zu Bewusstsein des Denk-Beobachtenden gelangen.

So haben wir also festzustellen, dass *das Denken* nachträglich (im Ausnahmezustand) eindeutig *beobachtbar* ist.

Und von ihr (der *Denktätigkeit*) kann man deshalb sagen: alle die Zusammenhänge und Gedankenverbindungen *sind* das Denken, *sind* die Denktätigkeit selbst, (wie sie eben nur philosophisch zur Erkenntnis kommen kann). Weil sie (die *Denk-Tätigkeit*) selbst nichts anderes ist als diese gesetzmäßigen Verbindungen. Man blickt folglich *begrifflich* (mit dem Begriff: Denk-Tätigkeit) auf einen mitzumachenden Prozess, der nichts anderes ist als eben diese früher stattgefundene Denktätigkeit.

Und weil das so ist, und „Ich" und das Selber-denkende Denken *ein Wesen* sind, können folglich *die Tätigkeiten beider* durch die denkende Beobachtung als *ein-und-dieselbe* nachträglich zu Bewusstsein kommen.

Aber, wie oben auseinandergesetzt: es ist die *Tätigkeit des Denkens die primär Bestimmende.* Und die Tätigkeit des „Ich" macht die Tätigkeit des Denkens nur *zu* seiner eigenen. Und das Be-stimmende ist zu charakterisieren durch die schon angeführte Aussage: *„Das Denken selber denkt"*. Bei der nachträglichen Be-obachtung des Denkens wird man dieses Unterschiedes (zwischen Ich-Tätigkeit und Tätigkeit des „Selber-denkenden Denkens") je-doch nicht gewahr. Da erscheinen auch ihr (der nachträglich-denkenden Beobachtung) beide „als ein Wesen".

Der Unterschied wurde hier nur angeführt, weil im Falle der Be-obachtung *des eigenen* vorausgegangenen Denkens folglich die Tätigkeit des eigenen „Ich's" mitbeobachtet wird, *auch wenn* ein Unterschied nicht wahrnehmbar ist. Aber für die Erkenntnis kann der Beobachtende mit Recht sagen, dass dasjenige, was er beob-achtet, sein *eigenes* Denken hervorgebracht hat. – (Bei der weiter unten behandelten Frage, das Denken einer *anderen* Person zu verfolgen, enthält die Erkenntnis-Aussage natürlich nicht die Berechtigung, vom eigenen vorausgehenden Denken zu sprechen, sondern nur von der stattgefundenen Denk-Tätigkeit überhaupt.)

*

Ein weiterer *Beweis* für unsere Auffassung, dass der *Denkprozess* nichts anderes ist als *Denktätigkeit*, ist das folgende (Zitat, 3. Kap., S. 33, Absatz vor dem Schelling-Zitat: „Wenn ich aber mein Denken betrachte, so ist kein solches unberücksichtigtes Element vorhan-den. Denn was jetzt im Hintergrunde schwebt, ist selber wieder nur das Denken.")
(Es folgt der entscheidende Satz:) „Der *beobachtete* Gegenstand ist *qualitativ derselbe* wie *die Tätigkeit, die sich auf ihn richtet.*") Und weiter heißt es, dass man qualitativ im selben Element verbleibe, wenn man das Denken zum „Betrachtungs-Objekt" mit Hilfe des Denkens mache - wie wir das auseinandergesetzt haben.

Ergebnis: das *nachträgliche* denkende Beobachten *ist* (Zitat oben): natürlich eine *Tätigkeit.* Diese ist *qualitativ* dieselbe wie der beobach-*tete* Gegenstand: d.h., das beobach-*tete* Denken ist damit eindeutig von gleicher Beschaffenheit wie die beobach-*tende* Tätigkeit. Damit ist die Identität beider erwiesen, sodass (wie oben schon vermerkt) das zu *beobachtende* Denken nichts anderes ist als Denk-*Tätigkeit*.

Was haben wir gewonnen?

Wir haben den Nachweis gewonnen, dass der *„beobachtete Gegenstand"* – also das zu beobachtende *Denken* – selbstverständlich die Denk-Tätigkeit ist, die mit der *beobachtenden* Denk-Tätigkeit qualitativ dieselbe ist. Gleiches wird von Gleichem beobachtet. Denn man beobachtet den abgelaufenen Denkprozess mit einem qualitativ gleichen Denkprozess. Wenn wir das Auseinander-Hervorgehen eines Gedankens aus dem anderen beobachten, dann vollziehen wir denkend (mit dem beobachtenden Denken) eben jenen *Auseinander-Hervorgehens-Prozess* mit; genauso, wie wir jeden Prozess der *Sinnes*-Welt *ebenfalls* durch Beobachtung und Denken mitvollziehen und dadurch zu Bewusstsein bringen. Es gibt keinen Unterschied.

Der (unmaßgebliche) Unterschied liegt nur darin, dass das eine mal eine *Sinnes*-Wahrnehmung für den anschließenden Denkvorgang, das andere mal (hier) eine Begriff-Wahrnehmung erfolgt. Denn bei der *Beobachtung des Denkens* haben wir zunächst (!) nur Begriffe, die wir beobachten können; aber *aus (!)* ihnen sich entwickelnd jene genannten *Hervorgehungen*, die sogleich von uns mit Begriffen (z.B. „hervorgehen", „auseinander entwickeln" etc) durchsetzt werden. Genau auf die gleiche Weise, wie wir das bei dem „ganzen übrigen Weltinhalte" auch machen".

Unser Beobachten (und wir wollen daran erinnern, dass damit das *denkende Beobachten* gemeint ist, und das heißt: etwa auftauchende Wahrnehmungen werden synchron (sofort) begrifflich vom beobachtenden Denken durchsetzt) - also: – unser Beobachten kann gar nichts anderes bewusst werden lassen als 1. die Begriffe und 2. deren Fortentwickelung auseinander. Begriffe sind ohnehin im Bewusstsein zu beobachten. Aber deren Fortentwickelung, (wie eines aus dem anderen hervor- geht), ist ebenfalls unmittelbar zu beobachten. – Zu dem genannten „synchronen" Durchsetzen der Wahrnehmungen mit Begriffen sei angemerkt, dass im Alltagsdenken jede (uns prinzipiell bekannte) Wahrnehmung – also ein „Ding" – *sofort* (!) mit dem entsprechenden Begriff durchsetzt wird, sodass uns die Unterschiedlichkeit von Wahrnehmung („Ding") und Begriff derselben gar nicht zu Bewusstsein kommt. Gehen wir auf einer Landstraße, dann sagen wir nicht, was das denn da für „komische" Dinger seien, sondern wir sagen sofort: das ist eine Allee. Wir müssen nicht erst überlegen. Der Begriff taucht mit der Wahrnehmung zugleich auf. Wir unterliegen tagtäglich dieser geheimen Täuschung.

Und eben einer solchen geheimen Täuschung erliegen wir auch bei der nachträglichen denkenden Beobachtung des vormaligen Denkens. Weil sogleich der *Begriff* Denktätigkeit in uns sich bildet, so glauben wir, gar keine Wahrnehmung zuvor gehabt zu haben, und sehen daher die Bildung des Begriffes „Denktätigkeit" ohne vorausgegangene Wahrnehmung als ungerechtfertigt an, weil diese ja Voraussetzung für jenen Begriff wäre. Das liegt aber an der oben genannten Synchronität der sofort sich einstellenden Begriffe, denn wir nehmen ja doch das Auseinander-Hervorgehen und die verschiedenen Übergänge eines Gedankens in einen neuen selbstverständlich wahr. Nur wird dieses Wahrnehmen oft gar nicht beachtet und daher als nicht existent betrachtet. Was aber falsch ist.

Alles, was als _Denkprozess_ bisher beschrieben wurde, ist nichts anderes als _Denktätigkeit_, wie sie eben durch alleinige _Philosophie_ bestimmbar ist. Dasjenige, was wir als Fähigkeit „zu denken" uns erworben haben, ist eben _diese Denktätigkeit_: -_„Das Denken"_ - . Und das ist – wie auseinandergesetzt – nachträglich beobachtbar.

Wahrnehmung und Idee der Beobachtung

Wir beobachten, dass ein Gedankeninhalt in einen anderen übergegangen ist, dass (wie oben angeführt) „Freiheit" zu „Gut" wurde. Das alleinige Beobachten (als Wahrnehm_en_) gibt uns über den Vorgang keinen Aufschluss. Es sagt nur, dass ein Vorgang ablief. Wir kennen dessen Bedeutung nicht. Nun tritt unser _Denken_ in Aktion und erkennt, dass dem Vorgang ein Ideelles zugrunde liegt, das der nur bloßen Beobachtung nicht erscheint. Unser anhebendes Denken aber schöpft aus sich heraus _zu_ der Tatsache des Vorgangs den eigentlichen, _ideellen_ Ursprung dieser Tatsache.

Dieser Ursprung (also der diese Tatsache des Vorgangs) verursachende ideelle Quell) steigt, aus unserem Innern kommend, (also aus uns selbst) als Gedanke auf und wird zum Begriff dieses (sonst unerkannt bleibenden) Vorgangs: und dieser aus uns selbst geschöpfte Begriff lautet: _Denktätigkeit_. - „Denktätigkeit" ist der ideelle Quell des der bloßen Beobachtung _nur gegebenen_ Vorgangs.

„Denn der Begriff kann nicht _aus_ der Beobachtung gewonnen werden. Das geht schon aus dem Umstande hervor, dass der heranwachsende Mensch sich langsam und allmählich erst die Begriffe zu den Gegenständen bildet, die ihn umgeben. Die Begriffe werden zu der Beobachtung hinzugefügt." (Nebenbei bemerkt, findet man in diesem Zitat aus dem 4. Kapitel der „Phil.d.Fr." die von uns weiter oben geltend gemachte und zu _erwerbende_ Fähigkeit des Denkens deutlich vermerkt).

Wir haben also bei der Beobachtung des Denkens die begriffliche
Erkenntnis gewonnen, dass der beobachtete Denkprozess nichts
anderes ist als die Tätigkeit des Denkens selbst. Denn *Erkenntnis*
heißt, den das Wesen der Sache bedeutenden Begriff zu dem nur
wahrgenommenen Vorgang hinzuzufügen.

(Zitat aus Rudolf Steiners „Goethes naturwissenschaftliche
Schriften", 9. Kapitel: „Goethes Erkenntnistheorie": „Das Denken
ist berufen, das Rätsel zu lösen, das uns die Anschauung aufgibt.")
Und die hiesige „Anschauung" bei der nachträglichen Beobachtung
des Denkens ist das bloße, zunächst ja ohne Denken ablaufende
Wahrnehmen des Vorgangsgeschehens der auseinander hervor-
gehenden Gedankeninhalte des Erst-Gedachten. Was wir also beobachten am vorausgegangenen sogenannten *Denkprozess* ist das
Vorliegen der Besonderheit des Beobachtungs-Objekts. (Denn jede
Wahrnehmung –also jedes „Ding" – ist ihrem Inhalte nach eine *Besonderheit*. Diese Besonderheit kommt als reine Erfahrung, also
durch Nur-Beobachten, ins Bewusstsein.)

Zur „Besonderheit" der Wahrnehmung (des Dings) das folgende
(Zitat, „Phil.d.Fr.", 5. Kap.: „Die Wahrnehmung tritt immer als eine
ganz bestimmte, als konkreter Inhalt auf. Dieser Inhalt ist unmittelbar gegeben *und erschöpft sich* in dem Gegebenen.") Beispiel:
der Inhalt der Farbe „rot" erschöpft sich in der Empfindung „rot",
und als nichts sonst; (hier ist das Wort „rot" weg-, und nur der
Empfindungs-Eindruck gelten zu lassen, sonst unterläge man der
Auffassung, r-o-t als Begriff wäre die Wahrnehmung).

Ein solches Nur-Beobachtetes ist immer nur diese seine Besonderheit, die *ihr eigenes Wesen* nicht kundgibt. Diese (jeweils spezifische) Besonderheit eines jeden Dings (hier der *Denkprozess* als
Objekt) kann nur aufgehoben werden (heißt: in den allgemeinen
Weltzusammenhang eingegliedert werden), wenn wir aus uns die

Idee dieser Besonderheit schöpfen. Diese *Idee* ist die Erkenntnis *des Wesens* (philosophisch!) der Besonderheit. Und unsere hiesige Besonderheit (das Erscheinen eines Begriffes aus dem anderen – das ist unsere hier besprochene Besonderheit des Wahrgenommenen, des Nur-Beobachteten -) ist von uns mit dem Ideellen zu durchsetzen, sodass der nur beobachtete Vorgang seinem *Wesen* nach erkannt wird: und das Wesen dieses wahrgenommenen Vorganges (also seine begriffliche Bedeutung) ist: *Tätigkeit* des *Denkens*, also als das *Denken* selbst.

Damit sind alle Ansichten zurückgewiesen, die in der zu beobachtenden Denktätigkeit ein irgendwie „Übersinnliches" und daher „Nicht-Fassbares" sehen wollen. Denn was soll denn *philosophisch*, also mit der Vernunft (!), „*gesehen* werden"?

Wenn wir ganz selbstverständlich sagen: „Im Bewusstsein werden Wahrnehmung und Begriff miteinander verknüpft" (wie in der „Phil.d.Fr." dargelegt): „*sehen*" wir diesen Vorgang denn anders als auf philosophische Weise *in Begriffsform*? Das *Verknüpfen* vollziehen wir beobachtend mit; eben: dass verknüpft wurde. Das allein ist unser bloßes Wahrnehmen. Und sofort taucht in uns der Begriff *für dieses Verknüpfen* als *Erkenntnis* auf. Und *dieser Begriff* also lautet: „Das ist die (stattgefundene) *Denktätigkeit*". Diesen Begriff entnehmen wir ja doch nicht aus der Wahrnehmung; niemals kann die Wahrnehmung uns den Begriff geben. Den können wir selbstverständlich nur aus unserem Innern schöpfen. Und eben diesen schöpfen wir zu der Wahrnehmung hinzu, – sofort.

Vom gewünschten „Bildchen-Sehen" des Fernseh-Gewöhnten hat man sich eben gründlich zu verabschieden. - Und so ist auch hier bei der Beobachtung des Denkens die „denkende", also die mit dem Denken erfolgende *Beobachtung* der *Denktätigkeit* keine andere als eine begriffliche.

Beide (Prozess und Tätigkeit) sind gewiss nur der sogenannten „intellektuellen Anschauung" zugänglich; diese Beiden aber sind bei der „Beobachtung des Denkens" (wie die Wahrnehmungen der übrigen Welterscheinungen) zu behandeln – und genauso, wie mit der „Methode bei den übrigen Welterscheinungen", mit entsprechenden Begriffen eben „begrifflich" zu erfassen. Denn das bedeutet doch unzweifelhaft das weiter oben genannte Zitat.

Am Ende des 7. Kapitels findet sich ein „Zusatz zur Neuauflage 1918", in welchem der oben behandelte Sachverhalt angesprochen wird. (Zitat: „Man wird aus dem schon Vorangehenden . . . ersehen, dass hier alles sinnlich *und geistig* (kursiv R.St.) an den Menschen Herantretende *als Wahrnehmung* aufgefasst wird, bevor es von dem tätig erarbeiteten Begriff erfasst ist." – Unterstr.,Verf.)

Da bei der (nachträglichen) Beobachtung des Denkens das „geistig an den Menschen Herantretende" (eben das zu beobachtende Denken) ganz eindeutig als *Objekt* für diese *Beobachtung* zu behandeln ist (also als ein *Gegebenes*) und das Objekt in diesem Falle das (frühere) Denken zunächst in Form der Gedankenabläufe ist, so ist dieses Objekt (der Denkverlauf, genauer: das Auseinander-Hervorgehen der zuvor gedachten Begriffe) ein (hier „geistig") wahrnehmbares Element, kurz: eine (hier) *geistige* Wahrnehmung. Sie ist (Zitat oben) „geistiger" Natur (philosophisch verstanden) –aber natürlich *eine Wahrnehmung*, und zu behandeln, wie jede andere Wahrnehmung auch, eben mit dem entsprechenden Begriff zu durchsetzen: *Denktätigkeit*.

Und wie erscheint diese Wahrnehmung? Als das einzelne Auseinander-Hervorgehen der Gedanken-Inhalte des Erstgedachten. Dieses Auseinander-Hervorgehen *vollzieht* der Beobachter mit seinem Beobachten *mit*, (wie er auch bei der Sinnes-Beobachtung das Hervorströmen des Bachwassers aus dem Erdreich beobachtend mitvollzieht.) Ein solches Beobachten aber geht zeitgleich mit dem sich daran aus seinem Innern aufsteigenden, zu fassenden Begriff „Quelle" einher, wie das bei einer jeden anderen Wahrnehmung ebenfalls sofort geschieht; (das rührt vom erlernten Denkvermögen her). Das Beobachten wird wie immer sofort mit dem Denken durchsetzt und führt zum entsprechenden Begriff.

Und so geschieht es auch hier bei der Beobachtung des Auseinander-Hervorgehens der Gedankenverbindungen des zu beobachtenden Denkprozesses des Erst-Gedachten. Der sich dabei sofort einstellende (zu bildende) Begriff lautet: *Denktätigkeit* des Zuvor-Gedachten. Das bedeutet: sie (die Wahrnehmung) wird anschliessend mit dem „zu erarbeitenden Begriff erfasst" (wie es im Zitat heißt), und dieser Begriff lautet selbstverständlich: *Denktätigkeit*. Dass das blitzschnell geht, berührt nicht die Gültigkeit des Vorgangs.

Ein weiteres Beispiel für Gedankenverbindungen findet sich im folgenden (Zitat, S. 34: „Was ich *am Denken beobachte* ist, ... was mich veranlasst, die beiden Begriffe" (gemeint sind Blitz und Donner) *„in ein bestimmtes Verhältnis zu bringen*. Meine *Beobachtung"* (wohlgemerkt: Beobachtung!) „ergibt, dass mir für meine Gedankenverbindungen nichts vorliegt, *nach dem ich mich richte*, als der Inhalt meiner Gedanken.")

Wir wiederholen: es ist bei der „Beobachtung des Denkens" (und es ist ja denkendes Beobachten) *zu beobachten*, wie (auf welche Weise) zwei Begriffe „in ein bestimmtes Verhältnis" gebracht wurden vom Erstdenkenden - Und das ist dasjenige, was nachträglich als der zuvor vom Erstdenkenden unbewusst *erfahrene* Denkprozess beobachtet werden soll.

Unter *Denk-Prozess* kann nicht verstanden werden: „*Was* ist gedacht worden"; denn das „was" hatte der Erstdenker ja im Bewusstsein: das waren seine Begriffe, die *nach* deren Hervorbringung in sein Bewusstsein ihm in demselben während seines Denkvorganges schon beobachtbar wurden. – (Begriffe sind im Bewusstsein durch Beobachtung gegeben (S.30), *nachdem* sie vom Denkenden hervorgebracht wurden.) Diese hervorgebrachten, „fertigen" Begriffe waren ihm im Erst-Durchgang bewusst geworden. Bei der nachträglichen Beobachtung des Denkens geht es jedoch darum, was ihm bei diesem Durchgang (seinem Erstdenken) nicht bewusst wurde.

Es handelt sich stattdessen selbstverständlich nur um die Frage nach dem Wie : „Wie ist gedacht worden?" - Es handelt sich nicht um die Frage: Was - *i s t* – das Denken? Diese beiden genannten „Was" (Was gedacht wurde und was das Denken *ist*) sind nicht Gegenstand der Beobachtung des Denkens. Denn bei dieser Frage, („*Was ist* das Denken?"), kann es sich hier bei der „Beobachtung des Denkens" nicht um die Frage nach einem (irgendwie übersinnlich vorgestellten) *Wesen* des Denkens handeln, sondern allein um den begrifflich zu fassenden „*Denkprozess*". Und der zeigt eben, „wie" gedacht worden ist.

Es handelt sich (zur Erinnerung) hier um Philosophie. Philosophie ist abstrakt, sie kann nur über das Denken, über das Wesen oder über das Wesenhafte denken, dieselben aber natürlich nicht „übersinnlich" wahrnehmen. Dazu ist sie ist als Philosophie nicht in der Lage. Dazu bedürfte es höherer Wahrnehmungs-Organe. Die Frage nach dem „Was –*ist*- das Denken" ist eine ausschließlich anthroposophische und ist daher nur mit konkreter geisteswissenschaftlicher Menschenkunde zu beantworten. Es handelt sich im 3. Kapitel aber um Philosophie, nicht um Anthroposophie. Das müssen wir beachten. -

(Das Erleben des *Geistigen des Denkens* ist erst Gegenstand im 9. Kapitel und bedeutet etwas vollkommen anderes, als die Beobachtung des Denkens im 3. Kapitel.) - (Siehe Kapitel „Der Begriff der Intuition in der Philosophie der Freiheit" in dieser Schrift).

Der Grund für die Unbeobachtbarkeit des aktuellen Denkens

Alles das, was wir nicht selbst hervorbringen im Bewusstsein, ist uns gegeben. Wir sind an dem Entstehen und Werden des Gegebenen nicht ursächlich beteiligt. Es tritt auf, es ist da, und wir durchschauen auch nicht seinen Zusammenhang mit Anderem; wir haben es als Voraussetzung für unser Denken entgegenzunehmen.

Aber das, was wir selbst hervorbringen, unser Denken, ist unser Werk. Es tritt uns nicht gegenüber wie ein Fremdes, Unbekanntes. Wir sind selbst die Tätigen. Wir bringen uns die Begriffe ins Bewusstsein. Und während wir denken, ist diese Tätigkeit für uns kein Gegenüberstehendes. Sie wird von uns hervorgebracht und richtet sich auf etwas außer ihr Befindliches: auf ein Gegebenes – d.i. das Ding, die Wahrnehmung, das fremde Etwas. Aus diesem Grunde, weil das Denken uns nicht gegenüber tritt wie eine Wahrnehmung, weil wir es selbst hervorbringen, beobachten wir das Denken im alltäglichen Leben nicht. (3. Kap.).

Und es gibt einen weiteren Grund für das Nicht-Wahrnehmen des Denkens: (Zitat, 3.Kap.: „Der Grund, der es uns unmöglich macht, das Denken in seinem jeweiligen Verlauf zu beobachten, ist der gleiche wie der, der es uns unmittelbarer und intimer erkennen lässt als jeden anderen Prozess der Welt. *Eben weil wir es selbst hervorbringen*, kennen wir das Charakteristische seines Verlaufs,

die Art, <u>wie</u> sich das dabei in Betracht kommende Geschehen vollzieht." Hervorhbg. Verf.)

Man sieht sogleich, dass es gar kein weiterer Grund, sondern in
Wirklichkeit <u>der gleiche</u> ist (wie es dort ja auch heißt), nur etwas
genauer betrachtet. <u>Wir beginnen mit der Untersuchung des letzten (Zitat)-Satzes vom Ende her</u>: Warum <u>kennen</u> wir das Charakteristische seines Verlaufs ? (Man achte darauf, dass im Zitat
eindeutig der Denk-<u>Verlauf</u> genannt wird!). Antwort: Das <u>Kennen
des charakteristischen Verlaufs</u> entspringt unserer <u>erlernten Fä-
higkeit</u> (es gibt keine andere Quelle für das Kennen dieses Verlaufs). <u>Und</u>: <u>Wir</u> sind es, die es hervorbringen. – (Es ist hier einzu-
fügen, dass es sich <u>bei</u> dem <u>genannten Zitat</u> <u>nicht</u> um das nachträgliche Beobachten des Denkens handelt, sondern um das jewei-
lig <u>gegenwärtige</u> Denken. Es hieß dort: „das Denken in seinem <u>je-
weiligen</u> Verlauf zu beobachten"; das ist: <u>während</u> des jeweiligen,
<u>gegenwärtigen</u> Denkens.)

Dieser <u>letzte (Zitat)-Satz</u> <u>erscheint</u> schwer verständlich, löst sich
aber sofort auf, wenn wir sagten: Die Tatsache, <u>dass</u> <u>wir</u> es *selbst*
<u>hervorbringen</u>, belegt, dass <u>wir</u> es zu diesem Hervorbringen ja
durch und durch („intim") kennen <u>müssen</u>. Denn wäre es anders,
könnten wir <u>gar nichts</u> hervorbringen. Wir wüssten ja überhaupt
nicht, <u>was</u> wir hervorbringen <u>könnten</u>. Folglich ist die <u>Tatsache</u>,
dass *wir selbst* <u>es sind</u>, die es hervorbringen, <u>der Beweis</u> dafür,
dass wir es (<u>vor</u> dem Hervorbringen) <u>kennen</u> müssen. Und *weil*
wir es also „vorher" kennen (aus <u>erlangter Fähigkeit</u>), und es aus
unserem deshalb bestehenden <u>Können</u> <u>selbst</u> hervorbringen, ist
uns diese Tätigkeit des kenntnisreichen Hervorbringens nicht bewusst.

<u>So wollen wir den Satz noch einmal lesen</u>: (Zitat: „Eben weil wir es
selbst hervorbringen, kennen wir das Charakteristische seines

Verlaufs...") Und eben dieses, was wir so kenntnisreich hervorbringen, haben wir als Können, als die Fähigkeit zu denken in uns.
Und aus dieser Denk-Fähigkeit heraus ersteht uns (heißt: erfahren
wir; heißt: wird uns zuteil) das gegenwärtige selbstverständliche
Denken mit seinen gesetzlichen Denkverläufen. Auf deren Gesetzmäßigkeiten in ihrer Richtigkeit aber blicken wir nicht, sie bleiben
daher *unbewusst*, werden uns aus dem Denken-Können *unbewusst* zuteil. Die Denkverläufe ergeben sich uns „wie von selbst",
und wir blicken stattdessen nur auf das Objekt unseres Denkens:
auf die Wahrnehmung als das Gegebene - und auf die durch unsere Tätigkeit ins Bewusstsein gebrachten Begriffe.

Beschreibung der Beobachtung der Denkprozesse

Wie aber sind die Beobachtungen der Denkprozesse zu beschreiben? Nach obiger Begriffsklärung fällt die Antwort nicht schwer,
wenn man, mit diesem Blick gerüstet, erneut in den Text schaut
(wohlgemerkt: 3. Kapitel): Da sind diese Beobachtungen alle von
Rudolf Steiner selbst präzise beschrieben. Nachfolgend eine kurze
Auswahl dieser Beschreibungen aus dem Buch, die ganz genaue
Beschreibungen der *Beobachtungen* des *Denkprozesses* sind und
die *begrifflich* die unbewussten „Erfahrungen" des Erst-Denkens
durch Beobachtung nachträglich zu Bewusstsein bringen.

Bei diesen Beschreibungen der Beobachtungen ist zu beachten,
dass es sich um Beobachtungen handelt so, wie wenn sie von einem „Ausnahmezustand" aus vorgenommen würden, - indem man
mit dem Autor der „Philosophie der Freiheit" so auf die Denkprozesse blickt, wie wenn man sie zuvor selbst (oder ein anderer)
gedacht hätte. Denn es werden ja die Denkverläufe mit ihren
Gesetzmäßigkeiten beschrieben, ganz so, wie wenn wir unser eigenes Denken nachträglich beobachten würden. Denn das ist ja
offensichtlich: nur so kann das Denken als der Denkprozess über-

haupt beschrieben werden: <u>nachtäglich</u>. Denn das gegenwärtige Denken bleibt eben gänzlich unbewusst.

Zitate mit solchen Beschreibungen

(Zitat, S.30: „Denn auch das Denken müssen wir <u>erst</u> durch Beobachtung kennenlernen. Es war wesentlich die *Beschreibung einer Beobachtung*, (Unterstreichungg, Verf.), als wir am Eingang des Kapitels <u>beschrieben</u> haben, <u>wie</u> sich das <u>Denken</u> an einem Vorgang entzündet und über das ohne sein Zutun Gegebene hinausgeht".)

Wir wollen beachten, dass ausdrücklich die „<u>Beschreibung einer Beobachtung</u>" des <u>Denkens</u> genannt wird. Dieses Zitat belegt erneut die Richtigkeit unserer Auffassung, dass *Denkprozess* und *Denken* (also die <u>Tätigkeit</u>) dasselbe sind; denn es heißt: („das <u>Denken</u> müssen wir durch <u>Beobachtung</u> kennenlernen") und: („es war wesentlich <u>die Beschreibung</u> einer <u>Beobachtung</u>...wie sich das <u>Denken</u> an einem Vorgang entzündet und über...hinausgeht"): das ist nichts anderes als der <u>Denkprozess</u>, nichts als <u>das</u> Denken, also die <u>Tätigkeit</u> selbst.

Was also beschrieben wurde, war <u>bereits</u> ein solches <u>Von-Außen-Beobachten</u>, wie aus einem <u>Ausnahmezustand</u>, aus dem heraus die Vorgänge der Gedanken-Verknüpfungen im Zusammenhang mit den dort genannten Wahrnehmungen (Stichwort: Billardkugeln) beschrieben wurden.

(Zitat, S.32: „Die erste *Beobachtung*, die wir „<u>über</u>" (Hervorhbg. Verf.) das Denken machen, ist also die, dass es das unbeobachtete Element unseres gewöhnlichen Geisteslebens ist".) Dies ist eine <u>nach</u> dem Erstdenken angestellte <u>Beobachtung</u>, <u>in</u> der man erst gewahr wird, was <u>nicht</u> bewusst wurde.

(Zitat, S.33: „Während ich über den Gegenstand nachdenke, bin ich mit diesem beschäftigt, mein Blick ist ihm zugewandt. Diese Beschäftigung ist eben die denkende Betrachtung... Mit anderen Worten: während ich denke, sehe ich nicht auf mein Denken, das ich selbst hervorbringe, sondern auf das Objekt," (den Gegenstand, das Gegebene) „das ich nicht hervorbringe".) – Ebenfalls als eine nachträgliche Beobachtung des ganzen Denkprozesses.

(Zitat, S.34: „Was ich am Denken beobachte, ist..., *was* mich veranlasst, die beiden Begriffe" (Blitz und Donner) „in ein bestimmtes Verhältnis zu bringen. Meine Beobachtung ergibt, dass mir für meine Gedankenverbindungen nichts vorliegt, nach dem ich mich richte, als der Inhalt meiner Gedanken.") Eindeutige Beschreibung der Beobachtung des Denkprozesses. – „Meiner Gedanken" heißt natürlich: diejenigen, die *ich* habe. Denn nach diesen (und nur diesen) richte *ich* mich, gleichgültig ob sie für Andere richtig oder falsch sind.

(Wenn man fragt, wie ich denn zu dem Inhalt der Gedanken „Blitz und Donner" gelangt bin, so lautet die einfache Antwort: natürlich in der Kindheit durch Erlernen des Begriffe-Fassens an den Wahrnehmungen; solche Begriffe sind unser Eigentum geworden, wir kennen dann deren Inhalte. Auch wenn wir (so der Text am gleichen Ort im Buch) falsche Begriffe über Blitz und Donner haben: das ist vollkommen gleichgültig. Entscheidend für mein Denken sind allein die, die ich habe, denn „*ich* richte mich – beim Denken - nach dem Inhalt *meiner* Gedanken.")

„Vergessen" des Denkens

(Zitat, S.32: „Das ist die eigentümliche Natur des Denkens, dass der Denkende das Denken *vergisst* (kursiv, Verf.), während er es ausübt."). (Es bleibt „*unbewusst*", S.35). - Hier erst – nach unseren obigen Auseinandersetzungen der „Erfahrungen über den Denkprozess" – lässt sich verstehen, warum Rudolf Steiner den Ausdruck „er vergisst das Denken" verwendet. Denn wenn man etwas vergisst, muss man es vorher im Bewusstsein gehabt haben.

Es ist noch eines im gerade ersten zitierten Satz beachten: (Zitat, S.32: „Das ist die *eigentümliche* *Natur* des Denkens, dass der Denkende das Denken vergisst, während er es ausübt"). Das wollen wir nicht überlesen. Das Denken als eine Tätigkeit, die man ja immerhin hat erlernen müssen, sei laut Zitat von solcher Art, dass es *vergessen* wird. Das bedeutet: trotz eigenen Hervorbringens wird es (dennoch) während des Hervorbringens *vergessen.* Mit anderen Worten: Das Denken vergessend bringt man es zeitgleich hervor! Das sei des Denkens *„eigentümliche Natur".* Das wollen wir untersuchen:

Der Denkende hat die Fähigkeit, zu denken. Er denkt natürlich *nicht* an seine Fähigkeit, (d.i. sein Denken-Können), während des Denkens; er denkt aber mit seiner Fähigkeit und bringt das richtige Aufeinanderfolgen der Gedanken hervor. Jetzt kommt die entscheidende Frage: vergisst er, *während er denkt,* sein Denken? Antwort: Ja - denn er weiß während des alltäglichen Denkens nicht, dass er denkt. Er weiß auch nichts vom „richtigen Denkprozess," vom gesetzmäßigen Verlauf, auf welche Weise er ihn – den Verlauf – einzurichten hat usf. Er *vergisst* sein Denken, er hat es nicht im Bewusstsein; hat ganz anderes im Bewusstsein, nur nicht, dass er denkend tätig ist.

Wir wollen noch einmal betonen, dass das Nicht-Denken an die eigene Fähigkeit (also daran, dass er diese Fähigkeit hat) ja etwas Selbstverständliches ist. Darum geht es hier nicht. Sondern es geht um ein *Vergessen* der Tätigkeit, *während* man diese Tätigkeit ausübt. Und das sei dem Denken (Zitat:) „eigentümlich".

Für andere Fähigkeiten gilt ein Gleiches nicht: Hat jemand z.B. Klarinette zu spielen gelernt, dann kann er mit der erlernten Fähigkeit spielen. Die entscheidende Frage: vergisst er das Spielen, während er „den Brahms" spielt? Natürlich nicht. Er hört (und sieht) ja, dass er spielt. – *Der Denkende* hat das Denken gelernt. Er denkt mit der Fähigkeit zu denken. Die entscheidende Frage: vergisst er das Denken, während er denkt? Er bildet denkend am Tage tausend Vorstellungen von Gegenständen, denkt tausende Gedankengänge, aber er hat währenddessen *nicht zugleich* ein Bewusstsein davon, dass er denkt. *Er vergisst, dass er denkt*: dass er denkend tätig ist.

Würde aber unser Klarinettist sein Spielen vergessen, so spielte er eben nicht. - Man könnte einwenden, dass der Klarinettist sein Spielen-Können ja auch während des Spielens vergesse. Das haben wir aber doch oben schon als (möglichen) Einwand ausgeschlossen, indem wir sagten, dass der Denkende (und hier auch der Spielende) *natürlich* nicht an seine *Fähigkeit* denkt. Denn andernfalls verließen wir unser Thema. Das *Thema* ist aber nicht das Vergessen der *Fähigkeit*, sondern dass man ihre *jeweilige Anwendung vergisst*, sie nicht im Bewusstsein hat. Anwendung heißt beim Denken: Hervorbringen von Begriffen etc.; beim Spielen aber Hervorbringen von Tönen. *Man weiß nicht, dass* man gerade Begriffe hervorbringt, *dass man denkt*, während man denkt. Man weiß aber sehr wohl, dass man gerade Töne hervorbringt, dass man also spielt. – So ist *das Vergessen* als die des gegenwärtigen Denkens „eigentümliche Natur" evident und wohl einzigartig.

Mit anderen Worten: wir machen, sind nur Machende, *können* das Machen und vergessen während dieses Nur-Machens, dass wir machen. Wohlgemerkt: dass wir *machen*. Das ist sehr bemerkenswert. - Hat das für unsere Untersuchung Konsequenzen? Ja, denn es ist offensichtlich, dass das „Machen" – also das gegenwärtige Denken – unbewusst erfolgt. Denn was man vergisst, war einmal im Bewusstsein und ist jetzt nicht bewusst.

Und das ist am eigenen Denken gut zu prüfen – aber am ganz alltäglichen Gedankengang. Zur Prüfung ist nicht ein solcher Gedankengang auszuwählen, bei dem man gleichzeitig (!) etwa versuchen würde, seinen gerade gegenwärtig ablaufenden Gedankenprozess zu beobachten; denn das wäre schon der Ausnahmezustand. (Zitat, S. 32: „Mit dem Ausspruch: *ich denke* über einen Tisch, trete ich bereits in den oben charakterisierten Ausnahmezustand ein . . .“)

Wir greifen den obigen Faden wieder auf: Wenn man etwas vergisst, muss man es zuvor im Bewusstsein gehabt haben. Und das kann hier nichts anderes sein, als das früher gelernte, zum Können gewordene, folgerichtige *Hervorbringen* der Begriffe durch die Denkfähigkeit mit ihrem „Können“; dieses Können, als Kind gelernt, hat zur *Folgerichtigkeit* der Begriffe im Denken geführt. Immer wieder geübt, hat man sich die Zusammengehörigkeit der Begriffe allmählich zu Bewusstsein gebracht, bis man es konnte: eben *wie* man *welche* Begriffe verbinden muss, damit sie miteinander in richtigem Verhältnis stehen - und kein „grünes Pferd“ davongaloppiert (!).

Das waren damals alles Vorgänge im Bewusstsein, damals. Dieses erlernte Hervorbringen-Können (!) aber vergisst man im Hervorbringen. Das Vergessen – und das allein ist das hier Entscheidende – gilt ja doch *nur* für die *augenblickliche, in der Gegenwart* hervorgebrachte Denktätigkeit mit ihrem kenntnisreichen Denkprozess. Und der Grund also für das Vergessen des Denkens, während wir tätig sind, ist die Tatsache, dass wir es so gut kennen durch unsere uns im Augenblick des Denkens nicht bewusste Fähigkeit.

– (Es gilt das Vergessen natürlich dann nicht, wenn man seine *Fähigkeit* zu denken zum Gegenstand des Nachdenkens machte.)

Es ist damit die Forderung erfüllt, dass man nur vergessen kann, was zuvor bewusst war: das Können der Verknüpfungen, eben das „Wie-es-gemacht-wird": das Zustandebringen der aufeinander folgenden Gedankenabläufe.

Um zusammenzufassen: es gibt also zwei verschiedene „Vergessen". Das „erste" Vergessen betraf die Anwendung der Denkfähigkeit mit Übermittlung der Denk-Gesetze. Die „zweite" Art des Vergessens ist die oben auch behandelte Tatsache, dass man gar nicht weiß, dass man (gegenwärtig) denkt. Man vergisst dabei nicht, was man denkt (den begriffliche Inhalt), sondern dass man denkt, dass man denkend tätig ist.

Abweisung der Erinnerungs-Frage

Bleiben noch drei Themen übrig. Erstens die häufig behandelte Frage nach der Erinnerung. Es wurde von anderen Autoren vorgebracht, dass man sich zur Beobachtung des Erstgedachten doch dieses Erstgedachten zuallererst erinnern müsse. Schwierigste Vorgänge wurden gemutmaßt, auf welche Weise das frühere Denken aus dem Gedächtnis durch zusätzliche gesonderte Beobachtung denn wohl hervorzuholen sei. Denn aus dem Gedächtnis – so die Auffassung – müsse es ja erst wieder ins Bewusstsein gebracht werden, und wie das denn beobachtet werden solle.

Eigentlich ist es erstaunlich, dass man sich damit aufgehalten hat. Denn die Lösung dieser sog. Gedächtnisfrage ist ganz simpel: sie spielt überhaupt keine Rolle. Beweis: Wir verweisen auf Rudolf Steiners „Einleitungen zu Goethes naturwissenschaftlichen Schriften" (16. Kap. „Goethe als Denker und Forscher", unter „2. Das Urphänomen", 9. Absatz): Das *zeitliche Auftreten* eines Inhaltes im

Bewusstsein ist <u>nicht</u> der <u>Inhalt</u> selbst. Beides sind zwei vollkommen verschiedene Dinge, sie sind völlig unabhängig voneinander. Für den *Inhalt* ist es vollkommen gleichgültig, wann derselbe in mein Bewusstsein ein- oder wieder ausgetreten ist. Es bleibt immer derselbe <u>Inhalt</u>.

<u>Daraus</u> <u>folgt</u>: Ich habe mich nicht zu kümmern, <u>wie</u> ein <u>zuvor</u> gedachter Ablauf in mein beobachten-wollendes Bewusstsein zu bringen wäre; sondern <u>der</u> Inhalt, den ich <u>dann</u> habe, der ist für mich <u>allein</u> entscheidend. Habe ich ihn nicht, dann muss ich mein Erinnern anstrengen. <u>Was</u> ich als <u>Inhalt</u> aus mir wieder schöpfe, hat mich <u>allein</u> zu interessieren, und nicht: <u>wie</u> und <u>ob</u> dieser Inhalt mir wieder zu Bewusstsein kommt. Denn ich will nur den Ablauf des gedachten Denkens <u>als Inhalt</u> ins Visier nehmen. Er ist das mich Interessierende. Selbstverständlich muss ich den Inhalt aus dem Gedächtnis hervorholen. Aber den erinnerten <u>Inhalt</u> geht die Gedächtnis-Frage ja gar nichts an.

Sollte man einwenden, es gehe aber doch um Bewusstseinsinhalte, und also sei das <u>Ins-Bewusstsein-Kommen</u> sehr wohl von Belang – so wiederholen wir, dass <u>auch</u> <u>hier</u> zu unterscheiden ist zwischen <u>Inhalt</u> und *Gelangen* ins Bewusstsein. Bei der Beobachtung des Denkens geht es <u>nicht</u> um das Gelangen ins Bewusstsein, sondern darum, welcher <u>Inhalt</u> beobachtet werden soll. Und dieser <u>Inhalt</u> ist der genaue Ablauf des Erst-Gedachten mit dessen Gedankenfolge. Das ist etwas ganz anderes. Aber nur dieses Andere ist hier von Belang. Mag sich jemand mit dem Gedächtnis abmühen, entscheidend allein ist, <u>was</u> nach dem Einnerungsvorgang beobachtbar ist <u>als Inhalt</u>.

(Im Übrigen <u>kann</u> ja der <u>Vorgang</u> des Ins-Bewusstsein-Tretens doch <u>nie</u> (!) bewusst beobachtet werden – wir möchten <u>den se-hen</u>, der das von sich behaupten wollte. Das entzieht sich jeder

Beobachtungsmöglichkeit. Das ist Thema der Anthroposophie, nicht aber der Philosophie.)

Der Irrtum oben Genannter liegt eben darin, dass sie den Denkprozess in Wahrheit als einen „übersinnlichen" Vorgang beobachten möchten. Dass das ein Etwas sei, das nach dem Erstdenken ins Gedächtnis absinkt, aus dem es „sichtbar" wieder herausgefischt werden müsse, und dies (selbstverständlich) mit bewusster Tätigkeit. Kein Wunder, dass sie es nicht können, denn dazu brauchten sie natürlich Clairvoyance. Die sie nicht haben. Wir auch nicht. Aber hier brauchen wir sie nicht.

Der zur Beobachtung des Denkens allein interessierende Inhalt lautet: der Denkprozess. Dort, bei dem angeblichen Erinnerungsproblem aber: zeitliches Auftreten. Folglich brauchen wir uns bei unserem Thema bezüglich des zeitlichen Auftretens aus der Erinnerung auch nicht zu rechtfertigen. Das Problem des Sich-Erinnerns spielt für unsere Fragestellung gar keine Rolle. Deshalb erwähnt Rudolf Steiner es auch nicht.

Beobachtungen an einer „anderen" Person

Zweitens: Rudolf Steiner (Zitat, S.33: „Ob ich zu diesem Zwecke" (der Beobachtung des Denkens) „meine Beobachtungen an meinem eigenen früheren Denken mache, oder ob ich den Gedankenprozess einer anderen Person verfolge... darauf kommt es nicht an.")

An einer anderen Person! - Für ein Beispiel dafür müssen wir nicht allzuweit herumsuchen: ein solches haben wir ständig vor uns! Eine solche Person ist z.B. der Autor der „Philosophie der Freiheit". In diesem Werk beobachten wir ja doch fortlaufend Gedankenprozesse einer anderen Person. Wir beobachten ständig solche Rudolf Steiners, auch wenn sie hier nur schriftlich vorliegen. Das spielt aber doch keine Rolle für den Inhalt, auf welche

Weise er uns zur Kenntnis kommt. Denn „übersinnlich" an der „anderen Person" gibt es ja, wie ausgeführt, doch gar nichts herum zu suchen. Und ob er die Denkverläufe nun ausspricht oder aufschreibt, ist vollkommen einerlei. Und diese Denkverläufe erscheinen uns nur deshalb oft so schwierig, weil wir nicht richtig zu beobachten verstehen, *wie* diese „andere Person" die Gedankenverläufe gestaltet hat, welche Gedankeninhalte sie ausgewählt und miteinander verbunden hat etc.

Die Tatsache, dass wir *den Gedankenprozess* auch „einer anderen Person" zum Zwecke der Beobachtung des Denkens verfolgen können, weist deutlich auf die von uns geltend gemachte Auffassung hin, dass es sich *nicht* um die Beobachtung eines geistig wahrnehmbaren *Wesenhaften* des Denkens handelt, (zur Erinnerung: wir sind im 3. Kapitel), sondern allein um den Denkprozess, den wir bei einem Anderen beobachten können. Wir müssten dann ja doch noch oben genannte Claivoyance erwerben, wenn wir das Denken *als Wesenhaftes*, Übersinnliches, bei einem „Anderen" beobachten wollten.

Und hier „an einer anderen Person" wird noch einmal ganz klar offensichtlich, dass dasjenige, was beobachtet werden soll, das Denken ist, das heißt: die Denktätigkeit, und was dasselbe ist: der Denkprozess. Denn: (s. weiter oben gen. Zitat, S. 33: „Der beobachtete Gegenstand" – das ist das zu beobachtende Denken – „ist qualitativ derselbe, wie die Tätigkeit, die sich auf ihn richtet.")

Und das bedeutet, dass der zu beobachtende *Denkprozess „an einer anderen Person"* d a s s e l b e ist, *wie die Tätigkeit* (also das Denken des Beobachters – also unseres), *die* sich auf eben diesen Denkprozess der „anderen Person" richtet. Das ist (wie schon einmal angemerkt) der *nicht umzustoßende Beweis* dafür, dass der Denkprozess *das Denken* selbst ist (philosophisch!).

Nehmen wir an, jemand würde uns als Laien einen mathemati-schen Zusammenhang auseinandersetzen: wie müssten wir da doch genau seinen Gedanken*prozess* beobachten, *wie* er einen ma-thematischen Gedanken nach und nach aus dem vorangegangenen entwickelt. - So ergeht es uns auch in der „Philosophie der Frei-heit" mit dem Denkprozess ihres Autors. - Kurz: Die Beobachtung des Denkens ist nichts „Übersinnliches", sondern das nachträg-liche Beobachten des Denkablaufs. Und das könne jeder. (s. ent-sprechendes Zitat weiter oben).

Abwege

Dieser Begriff wird im Allgemeinen so verstanden, dass man von den Wegen (den richtigen) abkomme. Doch hat er noch die andere Bedeutung: Wege, die abwärts gehen, Ab-Wege: nach unten. Wir wollen hier kurz auf solche möglichen Wege eingehen.

Es ist jede Ansicht abzuweisen, den Inhalt des 3. Kapitels mit Dar-stellungen späterer Kapitel zu erklären. Unser Kapitel muss aus sich selbst verstehbar sein, und – wie erwiesen – ist es auch. Der Erst-Leser der „Philosophie der Freiheit" muss, wenn er „richtig liest" (R.St.), verstehen können, was hier im Kapitel beschrieben wird. Es findet sich daher auch im 3. Kapitel kein Hinweis Rudolf Steiners auf eine etwa erst später genannte Lösung eines nicht zu verstehenden Vorganges.

Denn das wäre ja auch der reinste Unsinn, wenn der Erst-Leser ein Nicht-Verstehbares im 3. Kapitel durch die folgenden Kapitel bis zum 9. Kapitel hindurch zu schleppen hätte, noch dazu ohne die Aussicht (er liest das Buch ja zum ersten Mal), dass die Auf-lösung seiner Schwierigkeit ihm in einem weit entfernten späte-ren Kapitel hoffnungsvoll winke. Ein solches Von-Ferne-Winken wäre ja vollkommen unsinnig. Denn: wir wiederholen oben ge-nanntes (Zitat, S.35: „Die Fähigkeit... das Denken zu beobachten...

hat" (*im 3.Kapitel!*) „bei gutem Willen"„jeder normalorganisierte Mensch").

Was würde unser kundige Leser wohl für ein Urteil über uns fällen – oder längst gefällt haben -, wenn wir das soeben Dargestellte nicht schon seit Beginn unserer Ausführungen berücksichtigt hätten? Wenn wir stattdessen mit der „Intuition" des 9. Kapitels gleich „ins Haus gefallen" wären, um mit ihrer noch dazu undurchschauten Bedeutung die Beobachtung des Denkens im 3. Kapitel uns zurecht gebogen hätten? Würden wir nicht gegen den Sinn der „Philosophie der Freiheit" verstoßen haben, deren Charakter ihr Schöpfer so beschreibt:

(Zitat, Rudolf Steiner: „Ein solches Denken" – „das einen Gedanken aus dem anderen hervorgehen lässt" – „ist entwickelt in meiner ‚Philosophie der Freiheit' und ‚Wahrheit und Wissenschaft'. Diese Bücher sind nicht so geschrieben, dass man einen Gedanken nehmen und an eine andere Stelle hinsetzen könnte; sie sind vielmehr so geschrieben, wie ein Organismus entsteht; ebenso wächst ein Gedanke aus dem anderen hervor." – GA 99 „Die Theosophie des Rosenkreuzers", 14. Vortrag.).

Würden wir jenen „Organismus" nicht einfach zerstört haben? Und wie wäre es nun gar, wenn wir behaupteten, dass die „Erfahrungen", die man „über den Denkprozess gemacht habe", ein „intuitives", bewusstes Erkennen sei? Noch dazu während des gegenwärtigen Denkens? Und was wäre, wenn wir im Laufe unserer Analyse scheiternd, dem Leser zugerufen hätten: „April, April! Das mit der Beobachtung des Denkens ist eine philosophisch doch gar nicht lösbare Aufgabe! Das hat sich bloß „der Steiner" falsch ausgedacht. Denn das geht ja gar nicht." Und dabei heimlich noch meinten, so ein Philosoph tauge doch nichts? Welch Urteil müssten wir uns anhören?

Reines Denken und Intuition

Was hier noch folgt, hängt nicht direkt mit unserem Thema zusammen. Es soll hier aber nur wegen des genannten Intuitions-Begriffes folgendes bemerkt werden: „Die Philosophie der Freiheit" ist so geschrieben, dass der Leser (mit Rudolf Steiners Worten) das Reine Denken erlangen kann. Dies ist das Sich-Bewegen in Gedanken-Regionen, die nicht nur frei von Sinnesinhalten sind, sondern auch frei von Wünschen, Absichten, Meinungen und Habenwollen, frei von allen persönlichen Ambitionen. Durch das Reine Denken sollte der Leser in die Lage kommen, den Begriff der Intuition, kulminierend im 9. Kapitel der „Philosophie der Freiheit", zu verstehen.

Jener Begriff – die „Intuition" - ist nicht derjenige der anthroposophischen Intuition. Das ist eben der Irrtum. Das wäre ja auch zu wunderbar, wenn man die höchste und schwierigste Stufe der anthroposophischen Erkenntnis einfach schon durch das Lesen der „Philosophie der Freiheit" erlangen könnte. - Der Begriff der Intuition in diesem Buch ist immer noch ein philosophischer. Zum Verständnis dessen wollen wir uns die folgenden Wortlaute Rudolf Steiners einprägen:

Über seine „Philosophie der Freiheit": „Ich habe damals versucht, rein philosophisch zu sprechen, so dass dieses Buch auch von allen den Menschen gelesen werden kann, welche die Geisteswissenschaft, wie sie hier vorgetragen wird, für eine Narretei halten." (GA 67 „Das Ewige in der Menschenseele", 10. Vortr., 20.4.18).

„Ich habe darauf hingewiesen, dass dieses reine Denken selber als innerer Seeleninhalt wahrgenommen werden kann," (Verf.: durch die erst im 9. Kapitel mittels der Intuition erfolgenden Betrachtung des Denkens wird das Geistige des Denkens erlebt) – „aber was es seinem Wesen nach ist, das lässt sich erst erkennen, wenn die *wirkliche Intuition* auf dem *höheren Erkenntniswege* in der Seele auftritt. Dann durchschaut man gewissermaßen dieses eigene Denken. Man lebt sich *jetzt erst* durch die Intuition in dieses eigene Denken hinein" (GA 78, Stgt., 7. Vortr., 4.9.1921).

*

Eine genaue Untersuchung des Begriffes der „Intuition" aus der „Philosophie der Freiheit" wird im anschließenden Kapitel der vorliegenden Schrift unternommen.

Der Begriff der Intuition

in Rudolf Steiners
„Philosophie der Freiheit"

Vorausbemerkung

Im Nachfolgenden findet sich eine Untersuchung der „Intuition" in oben genanntem Werk Rudolf Steiners. Dabei soll zum ersten mit den Begriffen verfahren werden, die dort verwendet werden. Zweitens wird die streng philosophische Ausführung Rudolf Steiners zum Verständnis der „Intuition" seiner „Philosophie der Freiheit" in „Von Seelenrätseln" in dem Kapitel „Max Dessoir" herangezogen. Dies geschieht jedoch nur zur Stützung der von uns hier vorgetragenen Auffassung, die allein schon aus dem Inhalte der „Philosophie der Freiheit" sich entwickeln lässt und daher auch hier entwickelt wurde.

Es wird jeglicher, etwa erwartete Rückgriff auf den anthroposophischen Begriff der Intuition in dieser Untersuchung von vornherein ausgeschlossen, denn zur Zeit der Niederschrift 1894 der „Philosophie der Freiheit" existierte ein solcher Begriff nicht. Rudolf Steiner hat wiederholt darauf verwiesen, dass er in der „Philosophie der Freiheit" nur philosophisch gesprochen habe; (siehe dazu die beiden Zitate Ende unseres vorigen Kapitels.) Als weiteres Beispiel: Seine „Geheimwissenschaft im Umriss", Kapitel „Die Erkenntnis der höheren Welten": Dort ein Zitat über seine Werke „Erkenntnistheorie der Goethe'schen Weltanschauung" und „Die Philosophie der Freiheit". Da heißt es:

(Zitat: „Dabei ist in den genannten Schriften nichts aufgenommen aus den Mitteilungen der Geisteswissenschaft selbst".)

Es würde den Verfasser der vorliegenden Schrift nicht wundern, wenn der Leser eine Opposition gegen das im Folgenden hier Geltendgemachte in sich aufkommen ließe, doch empfiehlt es sich, wie immer, unbefangen den Gang der Untersuchung zu prüfen, denn das Ungewohnte oder bisher Nicht-Gedachte muss nicht zugleich auch das Falsche sein.

Die Untersuchung

Die erste Nennung der Intuition findet sich im 5. Kapitel „Das Erkennen der Welt". Nachdem es geheißen hat, dass der *„Gedankeninhalt"* einer Wahrnehmung – (das ist der wahrzunehmende Faktor) –„im Innern erscheint", heißt es (Zitat: „Die *Form*, in der er" (der Gedankeninhalt) „zunächst auftritt, wollen wir als Intuition bezeichnen. Sie ist für das Denken, was die *Beobachtung* (kursiv R.St.) für die Wahrnehmung ist.")

Wir haben folglich zunächst zu fragen: was ist die Beobachtung für die Wahrnehmung? Denn das ist dasjenige uns Bekannte, mit dem die Bedeutung des Begriffes „Intuition" verglichen wird. Die Beobachtung ist eine Tätigkeit zum Auffassen der Wahrnehmung im Bewusstsein. Sie selbst aber als die aufnehmende Tätigkeit ist unbewusst und passiv. Unbewusst, weil ihr Vorgang selbst nicht ins Bewusstsein tritt (kein Mensch kann den Vorgang seines unmittelbaren Wahrnehmens, also z.B. Augen-und Gehirnvorgang, bei sich selbst zu Bewusstsein bringen; bewusst wird nur der Inhalt der Wahrnehmung: z.B. „blau"); und passiv, weil das Beobachten selbst (als Vorgang) rein passiv erfolgt: man muss nur die Augen öffnen; (das etwa eingewendete Hinlenken des Auges auf ein Objekt als doch immerhin aktiver Prozess ist ja zweifellos richtig, hat aber mit dem anschließend einsetzenden passiv erfolgenden Wahrnehmungs-Prozess selbst natürlich nicht das geringste zu tun; und nur um den geht es hier.

Die *Beobachtung* ist demnach ein unbewusstes und passiv erfolgendes Auffassen „für" die Wahrnehmung. Es heißt nicht: der Wahrnehmung, obgleich dies zutreffen würde. Der Begriff: „für" wird hier für eine andere Richtung der Beziehung gebraucht, im Sinne von: die Wahrnehmung *bedarf,* um vom Menschen im Bewusstsein zu erscheinen, der Auffassung durch die Beobachtung. Mit anderen Worten: *„Für* die Wahrnehmung" (akkusativ) ist die Beobachtung ein Vorgang des Auffassens. Und das heißt: *Für* sie (die Wahrnehmung) ist die Beobachtung das Mittel, um in das Bewusstsein zu gelangen. Noch einmal die 2. Zitat-Hälfte: („... was die Beobachtung *für* die Wahrnehmung ist.")

Zurück zum obigen Vergleich: (Zitat: „Sie" (die Intuition) „ist *für* das Denken, was die *Beobachtung* für die Wahrnehmung ist".) Dies heißt, (wenn wir dem Vergleich folgen): das Denken bedarf der Intuition als eines Auffassungs-Vorganges. *Für* das Denken ist die Intuition ein *Auffassungsorgan.* Mit Hilfe ihrer oder aus ihr heraus kann das Denken den Gedankeninhalt *als Begriff* auffassen. Das Denken kann demnach einen Begriff nicht direkt in das Bewusstsein bringen; es muss den Begriff aus der Intuition herausarbeiten. Das wollen wir begründen:

Diese Intuition ist eine bestimmte „Form" des Gedankeninhaltes (s.1.Zitat oben) und tritt zuerst im Innern auf, *vor* dem Erscheinen" des Gedankeninhaltes. (Zitat wie oben: „Die Form, in der er" (der Gedankeninhalt) *„zunächst* auftritt, wollen wir als Intuition bezeichnen"). Es muss demnach eine Umwandlung erfolgen von einer besonderen (nicht näher bestimmten) Form (diese ist die Intuition) des Gedankeninhaltes – „in der er zunächst auftritt" –

hin zu seiner eigenen (Form) als Gedankeninhalt, wenn der Letztere bewusst werden soll. Noch einmal für das ganz genaue Erfassen des Sachverhalts: Eine besondere Form des Gedankeninhaltes *ist* die Intuition. Diese Form tritt *vor* der begrifflichen Vergegenwärtigung des Gedankeninhaltes „in unserem Innern" auf. Diese erste Form wird als Intuition bezeichnet. Die genannte Umwandlung erfolgt durch das Denken, obgleich dieser Vorgang ebenso unbewusst verläuft, denn bewusst wird nur der durch das Denken ins Bewusstsein eintretende Begriff. Aus der unbewussten und passiv erfahrenen Form (als Intuition bezeichnet) wird der anschließend bewusste Gedankeninhalt herausgearbeitet durch das Denken.

Wir wollen noch beachten, dass es heißt: (Zitat: „Die Form, in der er (der Gedankeninhalt) zunächst – *auftritt* - . . .". Dies zeigt das passive Auftreten, denn wenn etwas für mich auftritt, ist es ein selbständiger Vorgang des Auftretenden. (Wenn Hamlet auf der Bühne auftritt, so tritt *er* auf; es geschieht für mich passiv; ich mache es nicht.)

Wir haben oben das kleine Wörtchen „als" unterstrichen. Es hat Bedeutung für das Verständnis der Intuition. Es hätte auch, könnte man meinen, lauten können: (Die Form wollen wir Intuition nennen). Wie wäre der Unterschied? Wir kommen gleich darauf zurück.

Was heißt hier zunächst „Form"? - Unter Form im Philosophischen versteht man die jeweils spezifische Art des Auftretens und Seins einer Tatsache oder Vorganges des Weltganzen für die Erkenntnis. Die äußeren Welterscheinungen treten in Sinnes-Form auf, sind stofflicher Natur.

Und unsere gewöhnliche, bewusste *Erkenntnis* ist begrifflicher Form, sie tritt in Form von Begriffen auf. Das Reine Denken ist ganz geistiger Form, ohne Bezug auf Sinnes-Inhalte. - Kurz, es ist natürlich keine äußere Form oder auch nur ein Anklang an eine solche (etwa wie ein Gefäß) damit gemeint. - Und so hat auch hier der Gedankeninhalt, der im Innern erscheint, offensichtlich eine bestimmte Form, (ist von bestimmter Art), „in der er zunächst auftritt" (s. Zitat). Dieses „zunächst" bedeutet, dass sich die erstauftretende Form (als Intuition) ändert, wenn der eigentliche Gedankeninhalt (als ein *Begriff*) im Bewusstsein erscheint. Folglich hat der Gedankeninhalt *vorher* eine nicht-begriffliche Form (als Intuition). Diese ist noch unbewusst, denn sie tritt nicht ins Bewusstsein: das könnte sie nur, wenn sie Begriffs-Form hätte.

Von Begriffen zu reden, hat aber nur Sinn, wenn es sich um Erscheinungen des Bewusstseins handelt. Folglich ist die Erst-Form, (die anschließend ja irgendwie in den Begriff mit bewusstem Inhalt verwandelt wird), unbewusst. Sie muss aber ebenfalls gedanklicher, ideeller Natur sein, denn sie wird in die bewusste Begriffsform als dann erkannter Gedankeninhalt verwandelt. Diese unbewusste Gedanken-Form ist hier bezeichnet *als* Intuition. Sie tritt *als* eine solche unbewusste *Form* auf. Sie wird deshalb nicht „*die* Intuition" genannt; denn sie ist eine andere Qualität des Gedankens „als" Intuition. Das „als" bezieht sich auf eine besondere Qualität eines hier auftretenden Ideellen, als eine andere Art des Letzteren. Und *als diese andere Qualität* des gedanklichen Elements tritt sie auf *als* Intuition. *Diese andere* Qualität ist die Form.

Das Ergebnis unserer Untersuchung lautet also: es handelt sich bei der Intuition um ein „Element", das keineswegs eine vom Individuum zu erlangende „höhere Bewusstseinsleistung" darstellt, (wie das von anderen Autoren im Sinne einer „anthroposophischen Intuition" angenommen wird); sondern die genannte *Art* des Auftretens *als Form* ist auf derjenigen Seite (!) angesiedelt, von der aus es in Richtung gewöhnliches Bewusstsein geht: von der Intuition aus hin zum Eintreten in dieses Bewusstsein als Begriff. „Für" *das gewöhnliche Bewusstsein* heißt hier: die Intuitions-Form geht aus dem Status des Unbewussten über in den Zustand des *gewöhnlichen Bewusstseins* und nimmt als solche die Begriffs-Form an.

Und die Tatsache, dass die *Intuition* der „Philosophie der Freiheit" beim Blick auf eine Wahrnehmung sich unbewusst (unbewusst!) *ergibt* (!), als die erst-auftretende Form des aus ihr sich anschliessend ergebenden Begriffs, zeigt, dass es sich gar nicht um die „anthroposophische Intuition" handeln kann, denn die Letztere ist doch als eine allerhöchste *Bewusstseins*-Leistung gekennzeichnet, die darüber hinaus doch nicht die Bestimmung hat, der Vorbereitung einer Begriffsbildung zu dienen. Wie könnte eine solche anthroposophische Intuition denn *un*-bewusst sein?

Damit ist die behauptete Identität der Intuition der „Philosophie der Freiheit" mit der Intuition des anthroposophischen Erkenntnisweges gründlich und endgültig abgewiesen.

Weiter im Text heißt es, dass für jede einzelne Wahrnehmung die entsprechende Intuition „gefunden" werden müsse, und dass es dazu einer „Fähigkeit" bedürfe. (Zitat, 5. Kap.: „Wer nicht die Fähigkeit hat, die *den Dingen entsprechenden Intuitionen* zu finden, dem bleibt die volle Wirklichkeit verschlossen.") Wenige Sätze später: (Zitat, 5. Kap.: „Was uns in der Beobachtung an Einzelheiten gegenübertritt, verbindet sich durch die zusammenhängende, einheitliche Welt unserer Intuitionen Glied für Glied.") (Zu der genannten „Fähigkeit" siehe weiter unten.)

Wir halten (vorher) fest: „Unsere Intuitionen" sind eine einheitliche Welt, (sie können ineinander übergehen) und diese Welt verbindet die Einzelheiten der Wahrnehmungs-Welt zu einem Ganzen. Mit anderen Worten: sie (die einheitliche Welt unserer Intuitionen) gliedert die Wahrnehmungen in das allgemeine Weltgeschehen ein, und sie (die Intuitionen) sind das jeweilig *geistige Wesen der Dinge* selbst. - Beweis:

(Zitat, 5. Kap.: „Wir stehen einem beobachteten Dinge der Welt so lange fremd gegenüber, solange wir in unserem Innern nicht die entsprechende Intuition haben, die uns das in der Wahrnehmung *fehlende Stück der Wirklichkeit* ergänzt.")

Wenig später heißt es im gleichen, 5. Kapitel: (Zitat: „Die Frage nach dem Was einer Wahrnehmung kann also nur auf die *begriffliche Intuition* gehen, die ihr entspricht.") - Damit wird deutlich, dass der zu erreichende Begriff einer Wahrnehmung eine andere Form als diejenige der *Intuition* ist und mit ihr (der Intuition) so verbunden ist, dass das Denken aus *ihr* den Begriff herausentwickelt, den aufzufassen sie (die Intuition) ihm erst ermöglicht.

Daher die Bezeichnung: *„begriffliche Intuition"*, eben weil für das begriffliche Denken *die Intuition* (als das unbewusste Wirkliche einer Wahrnehmung) zu einer *Begriffs-Bildung* eben dieses geistig Wirklichen, also ihrer selbst(!), führt. Und das heißt: das *nicht-bewusste geistig Wirkliche* (die Intuition) erhält erst durch das Denken eine Begriffs-Form, womit der bisherige Charakter eines Unwahrnehmbar-Unbewussten des geistig *Wirklichen* aufgehoben wird, und stattdessen *dieses geistig Wirkliche* nur noch als Begriff (dafür aber jetzt *im* Bewusstsein) erscheinen kann. - Denn sie, als Intuition, ist ja das Geistig-Wesenhafte der Wahrnehmung selbst, kann aber als ein Geistiges selbst nicht ins Bewusstsein gelangen, weil <u>dieses Bewusstsein</u> zur Erkenntnis nur <u>Begriffe</u> in sich haben <u>kann</u>. Die des Begriffes „selbsteigene" (geistige) Form aber ist die Intuition.

Die *geistige* Wirklichkeit der Wahrnehmung ist die <u>Intuition</u>. Sie wird mit „*Fähigkeit*" „gefunden" (s. obiges Zitat) und sie wird (analog der Beobachtung, s. oben) unbewusst und passiv <u>erfahren</u>.

Zur „*Fähigkeit*": was ist das für eine Fähigkeit und wie ist sie zu erwerben? Die Antwort lautet für beide Fragen: *Eine besondere Art des Denkens und durch das Denken*. Zunächst durch <u>das</u> Denken „unseres gewöhnlichen Geisteslebens" (Zitat aus 3.Kap.). Dieses Denken aber ist entwickelbar. Es gibt ein grobklotziges Denken und ein immer feiner sich ausgestaltendes Denken. (Man denke an einen philosophisch interessierten und andererseits an einen ganz nur an das Sinnesleben hingegebenen Menschen.)

Wessen Denkvermögen feiner wird, der kann dadurch (unbewusst) eine *höhere Intuition* <u>auftreten lassen</u>, die ihm den daraus zu entwickelnden Begriff zu erlangen möglich macht. (Zitat, 6. Kap.: „Ein Mensch, dem <u>jedes</u> <u>Intuitionsvermögen</u> fehlt, ist nicht geeignet, sich Erfahrung zu erwerben. Er verliert die Gegenstände wieder aus seinem Gesichtskreise, weil ihm die Begriffe fehlen, die er zu ihnen in Beziehung setzen soll.") - Denn die Begriffe hätte er aus den „gefundenen" Intuitionen entwickeln müssen, hat er aber nicht, weil er sie (die Intuitionen) mangels Fähigkeit nicht gefunden hat.

Mit <u>höherer Intuition</u> wollen wir eine solche bezeichnen, deren <u>geistiges Wesen</u> nicht mehr dasjenige einer <u>stofflichen</u> Wahrnehmung ist, sondern einer <u>un</u>-stofflicheren, wie etwa eines philosophischen Inhaltes. (Weiter unten werden wir erfahren, dass in der „Philosophie der Freiheit" von den unterschiedlichen „<u>Kräften</u>

der Intuition" gesprochen wird (im 7. Kapitel), mit denen das soeben von uns als höhere Intuition Bezeichnete von gleicher Bedeutung ist.)

Die Intuition *ergibt* sich dem Denkenden während des Wahrnehmens. (Zitat, 6. Kap.: „Ein Glied in meinem Gedankensysteme, eine bestimmte Intuition, ein Begriff verbindet sich mit der Wahrnehmung. Wenn dann die Wahrnehmung aus meinem Gesichtskreise verschwindet: was bleibt zurück? Meine Intuition mit der Beziehung auf die bestimmte Wahrnehmung, die sich *im Momente des Wahrnehmens* gebildet hat.“). Nebenbei bemerkt, achte man auch hier auf das „sich gebildet hat" als eines passiv zu erfahrenden Vorgangs.

Wir fassen noch einmal zusammen: *Die Intuition* ist das geistige Wesenhafte der Wahrnehmung, das Letzterer fehlt, um sie (die Wahrnehmung) für das Erkennen als ein in das Weltganze Aufgenommenes erscheinen zu lassen. Sie wird durch *zu erlangende -* (des Denkens) - Fähigkeit gefunden, sie bildet sich während des Wahrnehmens; sie bleibt unbewusst, wird passiv erfahren und stellt eine andere Form des Gedankeninhaltes dar, vor dem sie im Innern des Menschen auftritt; aus ihr ist der (in anderer Form in ihr enthaltene) Begriff durch das Denken zu entwickeln und dieser ins Bewusstsein zu bringen.

Sie (die Intuition) gibt als die Geist-Wirkliche der Wahrnehmung dem Denken die Möglichkeit, den in ihr enthaltenen (aber erst durch das Denken zu konkretisierenden) Begriff aufzufassen. Alle unsere Intuitionen, (die wir erworben haben), schließen sich zu der einheitlichen Welt der geistigen Wesenhaftigkeit zusammen: und das allein ins Bewusstsein Eintretende sind die aus dieser zu erarbeitenden Begriffe.

Nun ist noch die Frage zu klären und ein möglicher Einwand gegen unsere Auffassung zu entkräften, ob denn nicht der *Begriff* bereits das Geistig-Wirkliche der Wahrnehmung sei und die Intuition etwas anderes zu bedeuten habe. Zunächst zum Letztgenannten: Aus den obigen Ausführungen mit entsprechenden Zitaten geht unsere dargestellte Auffassung der Intuition als das Geistig-Wirkliche der Wahrnehmung widerspruchslos hervor.

Es fragt sich aber, ob das Erstgenannte (der Begriff als Geist-Wirkliches) nicht ebenso zutreffe. Denn zum Beispiel heißt es im 6. Kapitel „Die menschliche Individualität": (Zitat: „Die volle Wirklichkeit eines Dinges ergibt sich uns im Augenblicke der Beobachtung aus dem Zusammengehen von *Begriff* und Wahrnehmung.") Hier sei doch, so könnte der Einwand lauten, eindeutig auf den Begriff verwiesen als auf den für die „volle Wirklichkeit eines Dinges" fehlenden Teil.

Unsere Antwort: der *Begriff* ist das allein im Bewusstsein Erscheinende. Er ist demnach der einzige im Bewusstsein zu gewahrende *Repräsentant* des Wesens (des Geistig-Wirklichen) der Wahrnehmung. Die Intuition ist es *nicht,* sie bleibt unbewusst, sie erscheint nie im Bewusstsein. Hätten wir nicht die Möglichkeit, einen Begriff (aus der Intuition) ins Bewusstsein zu bringen und dort zu haben, so würden wir niemals vom Wesen einer Wahrnehmung bewusst etwas wissen können. Denn der Begriff, wie oben gezeigt, ist die *veräußerlichte Form* der Intuition; und das ist diejenige Veräußerlichung, die wir als im Bewusstsein auftretende Form, eben als Begriff, dort (im Bewusstsein) erst beobachten können.

Noch zum obigen (Zitat aus dem 6. Kapitel: „Die volle Wirklichkeit eines Dinges ergibt sich uns. . . aus dem Zusammengehen von Begriff und Wahrnehmung".) Wie leicht zu sehen ist, betrifft diese Aussage natürlich *nur* unser Bewusstsein. Denn hieße es im Verlaufe des Zitates stattdessen: „ . . . aus dem Zusammengehen von Intuition und Wahrnehmung", so träfe das zwar zu, aber nicht für das Bewusstsein.

So ist also der Begriff das Wesen der Wahrnehmung *im Bewusstsein*, als eine *Herausarbeitung* des Begriffes durch das Denken aus dem Nicht-Bewussten: der Intuition. (Zitat, zu Anfang des 7. Kap.: „. . . die beiden Elemente der Wirklichkeit: der Wahrnehmung und dem durch Denken *erarbeiteten* Begriff.") Der Begriff muss aus der unbewusst bleibenden, jedoch die *Geist-Wirklichkeit* der Wahrnehmung darstellenden, Intuition *erarbeitet* werden und gibt uns im Bewusstsein das fehlende Stück der Wahrnehmung zu dem Weltganzen.

Zum Verständnis ist auch noch bedeutsam, dass vor der Erstnennung der „Intuition" in der „Philosophie der Freiheit" (3 zum Teil längere Absätze zuvor) der folgende Satz sich findet: (Zitat, 5. Kap.: „Die Wahrnehmung ist also nichts Fertiges, Abgeschlossenes, sondern die eine Seite der totalen Wirklichkeit. Die andere Seite ist der Begriff. Der Erkenntnisakt ist die Synthese von Wahrnehmung und Begriff. Wahrnehmung und Begriff eines Dinges machen erst das ganze Ding aus.") Hier heißt es doch eindeutig, dass der Begriff die andere Seite der Wahrnehmung sei.

Aber hat man auch beim Lesen wohl beachtet, dass es hier hieß: *Erkenntnisakt* (?). Ein solcher ist ja nur im gewöhnlichen Bewusstsein möglich. ‚Der Mensch erkennt die Welt' heißt, das Erkennen findet ausschließlich im Bewusstsein statt. Das ist der Erkenntnisakt. Und der ist nur in Begriffs-Form möglich. Die *Intuition* ist aber nicht im Bewusstsein zu finden und hat keine Begriffs-Form. Daher ist das letztgenannte Zitat unzweifelhaft nur auf den *begrifflichen* Vorgang *im Bewusstsein* zu beziehen. Und für diesen gilt selbstverständlich, dass (Zitat: „Wahrnehmung und Begriff erst das ganze Ding ausmachen".)

Es folgt aber 3 Absätze später und 2 Sätze nach der oben genannten Erstnennung der Intuition: (Zitat, 5. Kap.: „Wir stehen einem beobachteten Dinge der Welt so lange fremd gegenüber, solange wir in unserem Innern nicht die entsprechende Intuition haben, die uns das in der Wahrnehmung fehlende Stück der Wirklichkeit ergänzt.") Es ist leicht einzusehen, dass der weiter oben genannte Satz den Tatbestand feststellt, wie er sich für das Bewusstsein darstellt ohne Berücksichtigung der Intuition; und wie das jetzt eben zweit-genannte Zitat die zugrunde liegende Intuition als das „fehlende Stück der Wirklichkeit" nennt.

Und die Intuition ist das unmittelbar mit der Wahrnehmung Verbundene, als ihr geistiges Wesen. Sie wird nicht bewusst, weil unsere „seelisch-leibliche" Organisation die einheitliche Welt für uns (für das Erkennen) auseinanderreißt: in Wahrnehmung und den erst durch Eigentätigkeit des Denkens (aus der unbewusst bleibenden Geist-Wirklichkeit, d. i. der Intuition) zu erarbeitenden Begriff dieser Wahrnehmung. Erst der Begriff erscheint zusammen mit der Wahrnehmung im Bewusstsein: wir haben das Wesen des Dinges im Bewusstsein gegenwärtig, (Wesen ist hier wieder nur philosophisch zu verstehen).

Die *Intuition* wird durch den entwickelten, fähig gewordenen Denkblick auf die Wahrnehmung passiv und unbewusst dem Erkennenden gegenwärtig, auf dass aus ihr (der Intuition) der zugehörige Begriff in das Bewusstsein gebracht werden kann. Sie, die Intuition, wird daher als „begriffliche Intuition" (5. Kap.) bezeichnet, wie wir das weiter oben schon angeführt haben. (Auch diese Bezeichnung einer „begrifflichen Intuition" spricht deutlich gegen eine etwa vermutete „anthroposophische" Intuition).

Die *Intuition* der „Philosophie der Freiheit" ist das Auffassungs-Organ für das Denken, auf dass dieses den Begriff aus ihr heraus bilden kann. Und wir wollen im Gedächtnis behalten: „begriffliche Intuition"; das heißt: die Intuition, die dem Denken die begriffliche Durchsetzung einer Wahrnehmung im Bewusstsein ermöglicht. („Begriffliche Intuition" im Text der „Phil.d.Fr." bedeutet nicht etwa, dass die Intuition selbst als ein gewöhnlicher Bewusstseins-Begriff auftritt - das ist zu beachten.)

Nachtrag: Wenn man sich an dem hier von uns verwendeten Begriff des Auffassungs-Organs stößt, dann verweisen wir auf Rudolf Steiners Schrift „Goethes naturwissenschaftliche Schriften", Kapitel VI „Goethes Erkenntnisart": (Zitat: „Das Denken hat den Ideen gegenüber dieselbe Bedeutung wie das Auge dem Licht, das Ohr dem Ton gegenüber. *Es ist Organ der Auffassung.*" - kursiv R.St.).

Zum Zitat: *das Denken* fasst als Wahrnehmungsorgan die Ideen auf. - So ist es wohl auch berechtigt, in unserer Abhandlung von der Intuition als einem Auffassungs-Organ zu sprechen, wenn auch die Funktion des Auffassens hier (wie weiter unten auseinandergesetzt) eine besondere ist. Will man aber den Ausdruck „Organ" vermeiden, so kann man statt von Auffassungs-Organ auch schlicht vom „Auffassen" sprechen: dann hieße es eben: die Intuition ist „das Auffassen" oder: ist „die Auffassungs-Funktion" für das Denken.

Der von uns verwendete Ausdruck „Auffassungs-Organ" hat den Vorteil, die Intuition sich zu denken als ein wirkliches Gedanken-Element, das dem Denkenden (wie eben ein Auge) als Organ zur Auffassung des geistig Wirklichen einer Wahrnehmung dient, durch das er zugleich den zu bildenden Begriff aufzufassen fähig wird. Das *Denken* kann durch diese Funktion des Auffassungs-Organs, (das zugleich das Geist-Wirkliche einer Wahrnehmung selbst ist!), gerade eben dieses gleiche Geist-Wirkliche auffassen – jedoch ausschließlich *in begrifflicher Form.*

Die Intuition ist, wie bisher untersucht, als *Geistig-Wirkliche* selbst das Organ der Auffassung für das Denken. Und wir haben zu beachten, dass hier Identität vorliegt von 1. Geist-Wirklichem – 2. Auffassungs-Organ – 3. aufgefasstem Geist-Wirklichem (!). Mit anderen Worten: (Zu 1.): Die Intuition ist ein Geist-Wirkliches. (Zu 2.): Sie ist zugleich das Auffassungs-Organ für das Denken, damit dieses Denken sich eben des geistigen Wesens einer Wahrnehmung in Begriffs-Form bemächtigen kann. (Zu 3.): Die Intuition ist das vom Denken in Begriffs-Form aufzufassende Wesen selbst.)

Das Geist-Wirkliche (die Intuition) ist Auffassungs-Organ *seiner selbst*: *für* das Denken. Das *als Intuition* für den Denkenden auftretende Geist-Wirkliche einer (z.B. äußeren) Wahrnehmung ist selbst dieses Auffassungs-Organ. Es gibt für eine solche (z.B. äußere) Wahrnehmung nicht zusätzlich noch ein weiteres, davon gesondertes Geist-Wirkliches außer dem schon aufgetretenem eigenen. Ein anderes (zusätzliches) ist nicht existent.

Sodass also festzustellen ist: Das als Intuition auftretende Geist-Wirkliche (einer Wahrnehmung) kann nicht als „Auffassungs-Organ" ein weiteres *Geist-Wirkliches* für das Denken wahrnehmen, weil *die Intuition als eben dieses Auffassungs-Organ das Geist-Wirkliche der Wahrnehmung selbst schon ist.* Ihre Auffassungs-Funktion besteht nur darin, dass sie *als Geist-Wirkliche sich* dem Denkenden *selbst* zur Auffassung gibt. Sie lässt das Denken ein *Geist-Wirkliches* auffassen, das sie *selbst* ist. Für das Denken bleibt sie die Auffassende, aber das Denken fasst durch ihre Auffassungs-Funktion *sie selbst* als *Auf-zu-fassende* auf. Sie gibt dem Denken, (auf dass das Denken sie auffassen könne) sich selbst.

Und das heißt hier: für das Denken *des Denkenden*, als eines solchen, der nur im Denken lebt und der als den Sinn seiner Existenz denjenigen der denkenden Tätigkeit bestimmt. (Siehe dazu die Auseinandersetzung mit Renatus Cartesius im 3. Kapitel). *Für diesen* Denkenden gibt sich die Intuition als Geist-Wirkliches selbst zur Auffassung.. So dass er (unbewusst) *durch* sie und *als* sie das Geist-Wirkliche in seinem Innern auftreten lassen kann.

Er ist es, der (so, wie angegeben), sich als Denkender bestimmt, dessen Inneres daher so beschaffen ist, dass durch sein Teilhaben an der *Gedankenwelt* ihm ein Organ zur Auffassung eines Geist-Wirklichen werden kann – und dieses Organ zur Auffassung ist zugleich das Auf-*zu-fassende* selbst: eben das Geist-Wirkliche, das vom Denkenden zum Zwecke der *begrifflichen* Erkenntnis einer (z.B. äußeren) Wahrnehmung zu finden ist. Dass ihm in seiner Teilhabe an der Gedankenwelt ein solches Auffassungs-Organ werden kann, hängt (wie weiter oben ausgeführt) von seiner eigenen Fähigkeit im Denken ab. (Wir werden in den nachfolgenden Betrachtungen weiter darauf eingehen).

*

Am Ende dieses Abschnittes sei noch vermerkt, dass die Bezeichnung „Intuition", (als aus dem Mittel-Lateinischen „intueri" hervorgehend, dessen Bedeutung „hineinschauen" ist), als eine für ihre Funktion sehr treffend gewählt ist. Es bedeutet dann die „Intuition" als Substantiv: das Hineinschauen, oder besser: die Hineinschauung. Weil *mit ihr* und *in ihr* („in ihr"!) der Denkende (*unbewusst*) hineinschaut in ein Geistiges. Sie (die Intuition) gewährt ihm dieses Hineinschauen. Aber sie ist selbst *die Geistige*, in die er hineinschaut. Es gibt hier kein anderes Geistiges. Sie offenbart sich ihm als die An-zu-schauende, indem sie ihm (in der Funktion des Auffassen-Lassens) *sich selbst zur Auffassung* gibt. Sodass ihr Sich-Auffassenlassen *seine Hineinschauung* wird.

Und er bedarf ihrer. Denn ihre (der Intuition) *Welt* ist *seinem* nur begrifflich erkennendem Denken verschlossen. - Er bedarf einer solchen „Hineinschauung". Die „Hineinschauung", die *sie (die Intuition)* für ihn ist, (und die also dadurch *sein* Hinein-schau-*en* wird), sie ist zugleich das Geistig-Wirkliche der Wahrnehmung. Und eben wegen jenes oben genannten Verschlossenseins der Welt des Geist-Wirklichen *für* den Denkenden, kann die Intuition sich nur unbewusst dem Denkenden zeigen. (Hier ist „Hineinschauung" natürlich auch wieder nur philosophisch gemeint.)

Die „philosophische" Intuition in Rudolf Steiners „Von Seelenrätseln"

Eine rein philosophische Charakterisierung des *Intuitions*-Begriffes seiner „Philosophie der Freiheit" gibt Rudolf Steiner in seinem Buche „Von Seelenrätseln", im Kapitel „Max Dessoir über Anthroposophie" (Ausgabe 1960, S. 61). Rudolf Steiner weist dort die von Dessoir unternommenen Entstellungen des Intuitions-Begriffes in der „Philosophie der Freiheit" zurück. Auch diese dortige Darstellung ist ein Beleg für die hier von uns vertretene Anschauung. Es heißt dort (Rudolf Steiner):

(Zitat, S. 61: „Ich sage also hier: Intuition wolle ich als *Ausdruck* für *die Form* gebrauchen, in der die im Gedankeninhalt verankerte geistige Wirklichkeit *zunächst* in der menschlichen Seele auftritt, bevor diese erkannt hat, dass in dieser gedanklichen Innenerfahrung die in der Wahrnehmung noch nicht gegebene Seite der Wirklichkeit enthalten ist.")(kursiv R.St., Unterstreichung Verf.)

Wir untersuchen den Satz: Zuerst tritt in der Seele die *geistige Wirklichkeit* eines Gedankeninhaltes als *gedankliche Innenerfahrung* auf. (Wir halten fest: „tritt auf" = passiv für die Seele; und Innen-„Erfahrung" = passiv für die Seele). Die genannte „gedankliche Innenerfahrung" ist die geistige Wirklichkeit – sie ist nicht der Gedankeninhalt: das ist zu unterscheiden. Diese geistige Wirklichkeit ist selbst ein Ideelles, also Gedankliches und wird „erfahren".

Als solche (geistige) gedankliche Innenerfahrung ist sie zeitweilig (das bedeutet das Verankern) mit dem Inhalt *eines Gedankens* verbunden (solange der Inhalt im Bewusstsein anwesend sein soll). Dieses ganze Auftreten der Geistigen Wirklichkeit (diejenige einer Wahrnehmung) als „gedankliche Innenerfahrung" geschieht in einer gewissen Form. Sie wird „*Intuition*" genannt. Bis hierhin geschieht alles unbewusst.

Jetzt erst taucht in der Seele das Erkennen auf: Aber es wird der Seele nur erkennbar, dass da in der (ihr ja nicht bewussten) gedanklichen Innenerfahrung etwas „enthalten" ist, welches „die in der (bewussten) *Wahrnehmung* noch nicht gegebene Seite der Wirklichkeit" darstellt.... – Hier endet der Satz.

Nicht aufgegriffen wird hier in „Von Seelenrätseln", (in diesem Zitat über die Intuition), dass das letztgenannte Erkennen zugleich das Hervorbringen des entsprechenden Begriffes ist, den die Seele bilden muss. Denn ihr oben genanntes Erkennen („bevor sie *erkannt* hat...") ist bereits der erkennende Vorgang *mit* der Begriffsbildung, also ein jetzt erst bewusster Vorgang. Anderes kann von der Seele gar nicht „erkannt" werden. Und nur der gebildete Begriff ist der dadurch erkennenden Seele bewusst. (Siehe unsere oben erfolgte Darstellung dieser Frage im Abschnitt „Der Begriff der Intuition in der ‚Philosophie der Freiheit'.")

Man kann hieraus ersehen, dass die Intuition die geistige Wirklichkeit der Wahrnehmung ist, und dass aus ihr (der Intuition) das Erkennen (dann in Form des Begriffes) entwickelt werden muss, und weiter: dass sie unbewusst erfahren wird. Denn, noch einmal: – „bevor sie erkennt". . . tritt die gedankliche Innenerfahrung auf; „erkennt" heißt: erst jetzt bewusst – folglich gibt es vorher nur unbewusstes „Seelenleben", eben dasjenige der „gedanklichen Innenerfahrung". Und diese letztgenannten beiden Begriffe einer solchen „gedanklichen Innenerfahrung" belegen unsere oben vermerkte Auffassung der „gedanklichen Natur" der Intuition, wie wir sie genannt haben.

(Nebenbemerkung: Wenn hier von „Seele" gesprochen wird, so ist dies kein anthroposophischer Begriff, sondern in diesem Zusammenhang nur philosophisch zu verstehen, etwa wie in der „Philosophie der Freiheit" von Innenwesen oder auch von der Ichheit, oder dem Ich gesprochen wird, aber eben: nur philosophisch.)

Anschließend im Text an gleichem Ort in „Von Seelenrätseln" wird die Intuition (immer noch rein philosophisch gemeint) als „die Offenbarung eines Geistig-Wirklichen" genannt, „wie die Wahrnehmung eine solche des Stofflich-Wirklichen" sei (S.61). Die Intuition ist für das menschliche Denken die Offenbarung des Geistig-Wirklichen. Und es muss beachtet werden: hier ebenfalls einer Wahrnehmung, hier in diesem Zusammenhange; (später werden wir sehen: Die Intuition ist auch das Geistig-Wirkliche eines aufzufassenden Geistig-Ideellen wie bei der „intuitiven Betrachtung des Denkens").

Und hier ist die Intuition zugleich das Hineinragen des Geistig-Wirklichen in den Menschen. Denn das Hineinragen ist nichts anderes als jene Art, wie sich das Geistig-Wirkliche im Menschen offenbart: als Intuition.
Zum Begriff des Hineinragens: (Zitat „Phil.d.Fr." 5. Kap.: „...müssen wir das außerhalb unseres eigenen Wesens gelegene Gebiet mit

Hilfe des aus dem allgemeinen Weltensein in uns _hineinragenden_
Denkens kennen lernen.").

Dieses hineinragende Denken ist zunächst nicht unser eigenes
Denken, sondern es ist das Denken des allgemeinen Weltenseins,
des all-einen Wesens der Welt, also des Denkwesens der Welt, mit
dem wir durch dessen Hineinragen (das ist die _Intuition_) _eines_
werden. Denn (Zitat, 5. Kap.: „....indem wir denken, sind wir das
„all-eine Wesen", das alles durchdringt.") Das Geistig-Wirkliche
ragt als Intuition in den Menschen. Als eine solche in ihn hi-
neinragend, offenbart es sich. Über das Hineinragen des Denkwesens der Welt in Form des Geistig- Wirklichen (Intuition) werden wir selbst _denkend_ das all-eine Wesen, das alles durchdringt –
eben auch uns als Denkende durchdringt.

*

Die „Betrachtung des Denkens" mit der Intuition
Mit den durch die obigen Auseinandersetzungen gewonnenen Ergebnissen wenden wir uns der „Betrachtung des Denkens mit der
Intuition" zu. Sie findet sich im 9. Kapitel der „Philosophie der
Freiheit". Dort heißt es: (Zitat: „Im Betrachten des Denkens selbst
fallen in eines zusammen, was sonst immer getrennt auftreten
muss: Begriff und Wahrnehmung" – kursiv R.St.).

„Betrachten" heißt, eine beobachtete Wahrnehmung mit dem ihr
zugehörigen Begriff denkend zu durchsetzen. Diese beiden (Wahrnehmung und Begriff) „müssen" deshalb vor dem eigentlichen Er-
kenntnisakte getrennt auftreten, weil „unsere Organisation", wie
oben schon vermerkt, die einheitliche Welt auseinanderreißt in
Wahrnehmung und in den dann erst zu bildenden Begriff.

Dieses Auseinanderreißen wird offenkundig hinfällig (im Sinne
von: hat keine Wirksamkeit mehr) im Betrachten des Denkens;

„im" heißt: während des Betrachtens. Aber „im" heißt ebenso „innerhalb" des Betrachtens; der Betrachtende lebt ganz in seiner Tätigkeit des Betrachtens, ist nur noch in diesem Betrachten: es handelt sich folglich um ein Ausschließliches; alles andere ist auszuschließen. Das ist die Voraussetzung dafür, dass Begriff und Wahrnehmung in eines zusammenfallen. Während man also im Betrachten des Denkens lebt, fallen Begriff und Wahrnehmung „in eines" zusammen. Anstelle des genannten „muss" (beim Getrenntsein), handelt es sich hier um einen freien Akt des Denkenden. Aber dieser freie Akt stellt nur die Bedingung her, auf dass die beiden zusammenfallen können. Sie fallen selbst in eines zusammen; das vollbringt nicht der Denkende; er schafft durch seine Tätigkeit nur die Voraussetzung dafür. Diese Voraussetzung müssen wir untersuchen.

Zunächst: Was ist das Denken, das betrachtet werden soll? Es sind nicht die Begriffe, die ja erst vom Denken hervorgebracht werden. Hervorbringen heißt: aus unserem Begriffssystem einen Begriff auffassen und ihn durch Bringen ins Bewusstsein bewusst werden lassen. Das ist Tätigkeit des Denkens. Weiter: das Denken individualisiert den Begriff auf eine bestimmte Wahrnehmung und bewirkt so die Vorstellung - (Tätigkeit). Das Denken durchsetzt eine Wahrnehmung mit dem Begriff und verbindet die Wahrnehmung mit dem Weltganzen- (Tätigkeit). Auch entwickelt das Denken einen Begriff aus einem zugehörigen anderen; das Denken fasst die Inhalte der Gedanken auf und richtet sich für die Verbindungen derselben untereinander nur nach deren Inhalten. – (Alles Tätigkeiten).

Hier nun ergibt sich erst der Zusammenhang mit dem 3. Kapitel, aber total anders, als es gewöhnlich sonst von anderen Autoren dargestellt wird: Dasjenige, was hier bei der „Betrachtung des Denkens" im 9. Kapitel *zu allererst* erforderlich ist – (eben das ins

Auge-Fassen der *Denk-Tätigkeit*) – ist möglich, weil der Leser der „Philosophie der Freiheit" diese Tätigkeit (das Denken) schon im 3. Kapitel im dortigen Ausnahmezustand beobachten konnte. Das waren die „Erfahrungen über den Denkprozess", also der Denkprozess selbst in seinem Verlauf, also das Denken als Tätigkeit, in-

sofern das Hervorbringen des einen Gedankens aus dem anderen die voranschreitende Tätigkeit (der Prozess) als Denken selbst ist. Daher ja auch der Erfolg der damaligen Beobachtung abhängen musste vom richtigen Verständnis dafür, was überhaupt und auf welche Weise beobachtet werden sollte und konnte. Wäre man im 3. Kapitel mit dem Verständnis und folglich der Ausführung schon gescheitert, so könnte man auch hier im 9. Kapitel nicht den Ausgangsort für die (daraufhin folgende) „intuitive" Betrachtung des Denkens finden: – eben *was* genau in Augenschein genommen werden muss. -

Wir greifen den Faden unserer Untersuchung wieder auf. Das weiter oben Dargestellte wird alles vom Denken vollbracht. Es ist *Tätigkeit*. Im Betrachten des Denkens hat man ausschließlich nur auf diese *Tätigkeit* zu blicken. Will man diese Tätigkeit ins Auge fassen, so muss man jedoch alle Ergebnisse dieser Tätigkeit aus dem inneren Blick aussondern. Es gibt dann keine Begriffe mehr, keine Vorstellung, keine gesetzmäßigen Verbindungen von Gedankeninhalten, kein Durchsetzt-Sein einer Wahrnehmung mit einem Begriff etc. Das ist die eben genannte Ausschließlichkeit.

Es bleibt nichts im Bewusstsein als nur noch Tätigkeit, das *Übergehen* und *Auseinander-Entwickeln* von einem zum anderen *selbst*. Und in diese Tätigkeit muss man selbst sich hinein begeben, man muss sie selbst hervorrufen, muss fühlen, dass sie die eigene ist, dass man selbst der Tätige ist, ja schließlich selbst nur noch die *reine Tätigkeit* ist, (das bedeutete das „im"). Er ist dann nur noch

(Zitat, 9. Kapitel: „...das geistige, sich selbst tragende Wesensweben...“ ist) oder auch (Zitat, 8. Kap.: „...eine lichtdurchwobene,
warm in die Welterscheinungen untertauchende Wirklichkeit“),
die allein der Denkbetrachtende zu werden hat, ohne dass der so
Betrachtende die gerade genannten Welterscheinungen während
der Betrachtung des Denkens in den Blick nimmt; - (übrigens:
„licht- durchwoben“, weil das Denken allein nur alles Wahrge-
nommene erkennend aufzuhellen imstande ist; und „warm“, weil
das Denken sich nicht distanziert, sondern mit Hingabe in alles
„untertaucht“.)

Die zunächst erscheinende Schwierigkeit beim „Blick“ auf die
Tätikeit allein, ohne zugleich deren Ergebnisse als ihre Hervorbringungen im Bewusstsein zuzulassen, tritt tatsächlich auf. Nur
beibehaltene Anstrengung kann sie überwinden. Ließe sie nach,
fiele man zurück in die sonst gewohnte Bewusstseinshaltung mit
ihren Begriffen.

Denn das Ungewohnte liegt (genauer gesagt) in der Absicht und
dann Ausführung, ein oben genanntes Ergebnis – z.B. einen Begriff
oder etwa einen Durchsetzungsvorgang an einer Wahrnehmung,
zwar als Ziel der Denktätigkeit sozusagen ins Auge zu fassen, Begriff und Durchsetzung jedoch nicht konkret werden zu lassen;
stattdessen sie als unbestimmtes *Ziel* der Denktätigkeit gleichsam
nur wie in der Ferne zu halten, zu dem die Denkätigkeit hervor-
bringen-wollend hinstrebt, jedoch vom Denkbetrachtenden gerade vor Erreichen eines solchen Zieles (einen Begriff tatsächlich
hervorzubringen) daran gehindert wird.

Dann hätte der so Verfahrende nur noch die *reine Denktätigkeit* im
Bewusstsein. Er würde sie (die Denktätigkeit) selber werden. Und
die allein in den Blick zu nehmen, ist sein erster Schritt bei der
(daran sich erst anschließenden, aber aus *ihr* sich ergebenden)

„intuitiven" Betrachtung des Denkens, wie wir das weiter unten ausführen wollen.

Was dem Denk-Betrachtenden anfangs *wie* eine *Wahrnehmung* erscheint: seine Denk*tätigkeit*, (auf die er ja mit Recht zu blicken sucht), verwandelt sich dadurch, dass ihm bewusst wird, dass er selbst es ja ist, der sie hervorbringt, vom Charakter einer Wahrnehmung (als eines anfänglich noch Gegenüberstehenden) fort und hin zu dem Erleben dieses Tätigseins als eines (eigenen) *aktiven Hervorbringens* (wie im Beginn des 8. Kap. beschrieben; man möge dort selbst nachlesen). Es ist die reine Denkbewegung, die durch nichts mehr getrübte, reine Tätigkeit als Denken.

Indem er sie erfasst, diese reine Tätigkeit, - als seine eigene,- verlässt der so Denkende unversehens seinen Subjekt-Objekt-Standpunkt, denn er hat kein Objekt mehr vor sich, weil ein Objekt als ein ihm Gegebenes nicht existiert, sondern nur noch ein Etwas, dessen Veranlassung und Hervorbringer er selbst als Denkender ist. (Ließe er nach in seinem bewussten „Leben", in seinem Nur-Tätigsein, so erschienen ihm sogleich wieder nur begriffliche Bewusstseinsinhalte, die er doch vermeiden müsste.)

Bleibt er aber selbst in dieser Tätigkeit, fasst er sich selbst als Tätigen, so gibt es kein Gegebenes mehr, denn er „gibt" selber. Er taucht selbst mit seinem „Innenwesen" (philosophisch verstanden) in dieses Wesensweben (s. oben) ein, erlebt es als sein eigenes und wird dadurch es selbst. Er, der Denk-Betrachtende, *wird eins* mit seinem reinen Denken und wird dadurch *das all-eine (denkende) Wesen der Welt* (Zitat, 5. Kap.: „...indem wir denken, sind wir das all-eine Wesen, das alles durchdringt".)

Und in diese reine denkende Tätigkeit hat sich der als ein solcher sich selbstbestimmend Denker bewusst hineinzubegeben und nur darinnnen zu leben in oben beschriebenem Sinne zu Beginn der intuitiven Betrachtung des Denkens. Das ist der innere Entschluss, der notwendig ist, um das Gewohnte zu verlassen: eine Verwandlung desjenigen Verhältnisses, das er bisher zu seiner eigenen Denktätigkeit (bei seinem ersten Blick auf sie im Beginne dieses Betrachtens) gehabt hatte, hin zu der Bewusstseins-Tatsache, das *Betrachten* selbst zu werden. Diese Metamorphose hat er selbst hervorzurufen.

Hier ist nun der entscheidende Moment erreicht: denn sobald der Wahrnehmungs-Charakter des Denkens sich verliert, entschwindet auch die *Tendenz zur Begriffsbildung.* (Das frühere denkende Blicken auf eine Wahrnehmung hatte sogleich zu dem Begriff derselben Anlass gegeben; die Wahrnehmung als ein Gegebenes wurde mit dem Begriff durchsetzt.) *Diese Tendenz wird aufgehoben.*

Es ist ein simultaner Vorgang. Die *Gleichzeitigkeit* des Verschmelzens wird leicht verkannt. Es verschmelzen Wahrnehmung und Begriffliches, denn was betrachtet wird ist *ideell.* Und das Betrachten selbst (es ist ja denkendes Betrachten) ist ebenso *ideell.* Angeschautes und Schauendes fallen in eines zusammen. Das Angeschaute hat den Wahrnehmungscharakter verloren, und das Schauende hat die Tendenz zur Begriffsbildung verloren. Gab es zuvor noch Anklänge einer Wahrnehmung (die erscheinende Denk-Tätigkeit) und deshalb Anklänge einer Begriffsbildung für dieselbe, so schwinden im Fortschreiten der Bewusstseinstätigkeit des Denk-Betrachtenden Wahrnehmung und Begriff: sie fallen in eines zusammen, heben sich selbst auf und öffnen in ihrem Dahinschwinden den Blick in einen ganz neuen und veränderten Bereich des Bewusstseins.

Wir wollen fragen: was wird aus ihrem Zusammenfallen? Wo sind sie hin? Unsere Antwort kann nur lauten: ihr Zusammenfallen enthüllt, was Angeschautes und Schauendes selbst für sich sind: ein rein Geistiges. Aus dem Aufheben ihres Sich-Gegenüberstehens (Schauendes schaut Geschautes, das als geschautes Denken selbst ein Schauendes ist – folglich beide in eins verschmelzen) ersteht ein unter jetzt höherer Gesetzmäßigkeit Stehendes: es eröffnet sich dem „Blick" *das Geistige* des Denkens selbst. Doch ist dies Höhere hier nichts anderes als nur des Denkenden höhere *Bewusstseins-Tätigkeit*. Denn sie kann erstmals etwas *zum Erlebnis* bringen, was sehr wohl immer schon existierte, nun aber erst zum Bewusstsein kommen kann. Und weil hier keine Begriffsbildung mehr vorliegen kann, ist das *rein Geistige* auch nicht mehr mit Begriffen zu beschreiben. Es kann nur erlebt werden.

Welche Vorgänge genau zu *diesem Erleben* des Geistigen führen, das soll in den nächsten beiden Kapiteln hier durchdacht werden.

Der Leser wird gebeten, etwaige Wiederholungen und Ähnlichkeiten beider folgender Darstellungen als das zu nehmen, was sie für den Verfasser bedeuteten: als den Versuch, die Schwierigkeit des Beschreibens jener Vorgänge im Bewusstsein des das Denken *Betrachtenden* durch Annäherung von verschiedenen Seiten aus zu verringern.

An den Leser wird die Zumutung gerichtet, die Gedanken so genau mitzudenken, dass ein Weiterschreiten jeweils erst dann unternommen werden möge, wenn der vorhergehende Gedanke dem Verständnis und Mitvollzug einleuchtend geworden ist. Der Leser hat also jeden einzelnen Gedanken scharf ins Auge zu fassen, dann löst sich das vielleicht anfangs Verwirrende Satz für Satz auf, und es kann erkennbar werden, dass das Dargestellte strenger Logik folgt. Der Logik als derjenigen, wie sie sich in der „Philosophie der Freiheit" finden lässt.

Hieß es übrigens noch im 3. Kapitel bei der „Beobachtung des Denkens", dass *jeder Mensch* die dort beschriebene Beobachtung machen könne, so wird dies in Hinsicht auf das „intuitive Erleben" im 9. Kapitel von Rudolf Steiner nicht vermerkt. Der Leser wird sich den Grund am Ende selber nennen können.

Das Geistige des Denkens ist das Geistige der Intuition

Das rein Geistige, das beim Betrachten des Denkens als das Geistige des Denkens erlebt wird, ist nicht etwas, das außerhalb des Denkens erlebt wird; es existiert ja innerhalb des Denkens selbst, denn das Denken ist eine Einheit: das, welches einerseits betrachtet, andererseits selbst betrachtet wird. Das Denken erlebt sich selbst durch seine *Selbstbegegnung* – und der Denkende erlebt eben dies Selbsterleben des Denkens. Und weil er als Denkender nur im Denken lebt, ist er dies Selbsterleben (als Denkender) selbst. Und wie das Selbst-Erleben das Erleben seines (hier rein philosophisch zu verstehenden) Selbstes ist, so ist dieses sein Selbst *auch das Erleben selbst* – denn Selbst und Erleben sind jetzt ein und dasselbe. Das Selbst wird, *was* es erlebt. Das Erleben ist sein Werden.

Was aber ist dieses geistig Erlebte, das ja folglich zugleich des Denkenden geistiges Erleben selbst ist, anderes als die Offenbarung des Geistig-Wirklichen? Denn die *Offenbarung* des Geistig-Wirklichen ist die Intuition. Die Intuition *ragt* als Offenbarung des All-Einen Wesens (also *des Denkwesens der Welt*) in den Denkenden hinein und stellt in *dessen Innerem* als individuelles menschliches Denken die *einzelne Erscheinungsform* des All-einen Wesens selbst dar. Ein Zitat, ausnahmsweise aus „Grundlinien einer Erkenntnistheorie der Goethe`schen Weltanschauung", unter „13. Das Erkennen": - (Zitat: „Sein (des Denkenden) individuelles menschliches Denken ist die *einzelne Erscheinungsform*" „dieses all-einen „Wesens").

Und diese einzelne Erscheinungsform des individuell-menschlichen Denkens ist des All-einen Wesens Hineinragen. Das aber ist die Intuition, denn sie *ist* als Offenbarung des Geistig-Wirklichen dieses Hineinragen. Selbst ein ganz Geistiges *als Intuition*, ist sie nichts anderes, als dass sie als ein Geistiges in den Denkenden hineinragt. Und damit ist sie das Denken (des All-einen Wesens) als *rein Geistiges* selbst. Aber eben: *als* ein rein Geistiges.

Mit *diesem* rein Geistigen als Auffassungsorgan *für* das Denken (auf dass dieses *Denken sein eigenes* Geistiges auffassen könne) gibt sie (die Intuition) sich *in ihrer höchsten* Kraft dem Denken selbst, sodass sein (des Denkens) *Auffassen* (seines eigenen Geistigen) in nichts anderem mehr besteht als in *diesem* Geistigen der Intuition. Sein *Auffassen* ist dann das *Geistige der Intuition. Sein* (des Denkens) *Auffassen* aber bedeutet: *er erlebt.* Auffassen und *Erleben* sind hier nur noch ein und dasselbe für das Denken. Denn *das Geistige* wird *begrifflos* bewusst: folglich nur noch *im Erleben* bewusst. Das Geistige der Intuition ist *sein* (des Denkens) Erleben. Daher heißt es:

(Zitat, 9. Kap.: „*Intuition* ist das im rein Geistigen verlaufende *bewusste Erleben* eines rein geistigen Inhaltes.") Und wir wollen beachten, dass hier, wie wir ausgeführt haben, *Intuition* und *Erleben* synonym genannt werden: im Zitat bedeuten Intuition und Erleben ein und dasselbe: *Intuition* ist *bewusstes Erleben.* (Man lese das Zitat noch einmal für sich). (Früher, auf unterer Stufe etwa der Sinnesinhalte, war die Intuition unbewusst. Hier aber, im Betrachten des Denkens, wird sie (die Intuition) erstmals *bewusst*, indem sie selbst zum *bewussten Erleben* des Denkens und damit zugleich des Denkenden geworden ist.)
Die *Intuition* war bisher im Alltagsdenken für den Denkenden das Auffassungsorgan für den Begriff; sie war das Geistig-Wirkliche selbst der Wahrnehmung. - Sie (die Intuition) wird durch das *reine*

Denken zum Auffassungsorgan für das rein Geistige. Das Geistige, das so erlebt wird, ist das Geistige *des Denkens*, weil das Geistig-Wirkliche des Denkens ja die Intuition ist (in gleichem Sinne, wie sie früher das Geistig-Wirkliche der Wahrnehmung war).

Wenn also das Geistig-Wirkliche des Denkens erlebt wird, (und das ist die Intuition), heißt dies zugleich, dass die Intuition bewusst erlebt wird - als Offenbarung des Geist-Wirklichen. Die *Intuition* (als das Geist-Wirkliche des Denkens - also des Denkens *eigenes* geistiges Wesen –rein philosophisch-) offenbart damit *sich selbst* im Denkenden, und ermöglicht ihm *mit* ihrem eigenen Geistigen durch ihre immer noch bestehende Funktion der Auffassung: das Auffassen des Geistig-Wirklichen *seines* eigenen Denkens innerhalb eben dieses Denkens, weil sie (die Intuition) sich ihm *als ein solches Geistiges selbst* gibt. Und dies Geistige seines Denkens, das gleicher Wesensart ist wie das Geistige der Intuition und daher mit ihm (dem Geistigen der Intuition) ein und dasselbe ist, verschmilzt also mit dem Letzteren zu Einem und kann *nur noch erlebt* werden.

Die Fähigkeit des Denkenden im reinen Denken hat zum (immer noch unbewussten) Erfassen einer solchen Intuitions-*Höhe* geführt, dass sie (die Intuition), statt wie früher nur eine Begriffs-Auffassung zu ermöglichen, jetzt die Auffassung eines Geistig-Wirklichen seines Denkens (also eines *rein Ideellen*) dem Denkenden vermittelt; sie enthüllt für den Denkenden ihr eigenes Geistigsein und zugleich das Geistigsein des Denkens, denn beide sind von einerlei Geistigkeit. Und diese Geistigkeit erlebt der Denkbetrachtende bewusst – und *erlebt erstmals* in seinem Bewusstsein *die Intuition selbst*. Aber nicht etwa der Intuition Wirklichkeit wird erlebt, sondern ihr *Geistdasein* in ihrer Wirklichkeit. Und damit zugleich das *Geistdasein* in der Wirklichkeit des Denkens (des Denkenden) selbst.

Auch des *Denkens* <u>Wirklichkeit</u> wird <u>nicht</u> erlebt, sondern des Denkens <u>eigene</u> Geistigkeit: das ist die <u>Geistigkeit „*der"* Wirklichkeit des Denkens</u>. Die <u>Wirklichkeit des</u> Denkens einerseits und die Tatsache, dass andererseits diese Wirklichkeit eine geistige ist, sind <u>zwei verschiedene Dinge</u>.

Das ist nicht dasselbe. (Zitat: „Wer das Denken beobachtet, lebt während der Beobachtung unmittelbar in einem geistigen, sich selbst tragenden Wesensweben darinnen. Ja, man kann sagen, wer die Wesenheit *des* <u>*Geistigen*</u> in der <u>Gestalt</u>, in der sie sich dem Menschen *zunächst* (kursiv R.St.) darbietet, erfassen will, kann dies <u>in</u> dem auf sich selbst beruhenden Denken", - 9.Kap., 2. Abs.)

Wir halten also fest, dass es um die Wesenheit des <u>*Geistigen*</u> geht, <u>nicht</u> um die Wesenheit des Denkens, <u>*in* dessen Gestalt nur</u> das Zu-Erlebende, eben *das Geistige*, auftritt.

<u>Der Denkende</u>, der zu solcher Höhe aufgestiegen ist, kann sich sagen: „Das, was ich jetzt erlebe, ist etwas durch und durch *Geistiges*. Es ist nichts anderes als nur dieses. Ich kann es nicht beschreiben, es nicht in Begriffe fassen, denn Begriffe existieren hier nicht. Ich habe es nur *als Erlebnis* im Bewusstsein, kann es nur erleben. <u>In</u> meinem Denken existiert dieses zu erlebende *Geistige*; es erscheint <u>*in* der Gestalt</u> meines Denkens. Und ich kann nur sagen, dass ich in ihm (dem *Geistigen*) lebe". Und er sagt sich weiter:

„Das ist <u>mein Evidenzerlebnis</u>. Ich fühle mich in diesem *Geistigen*. Ich erlebe es <u>als dasjenige meines eigenen Denkens</u> und zugleich fühle ich es als die Geistigkeit *meiner selbst*. Ich bin dabei, das All-Eine Wesen der Welt <u>in dessen</u> Geistigkeit selbst zu werden". (Zitat: 5. Kap.: „Wenn wir denken, sind wir das All-Eine Wesen, das alles durchdringt".) Es durchdringt <u>alles</u>. - Eben auch den Denkenden selbst.

„Und ich erkenne jetzt", (so sagt er sich weiter), „dass dieses Er-leben des *Geistigen* in meinem Denken mir möglich geworden ist, weil die von mir erlangte Höhe der Intuition, - ihre Kraft - , mir durch *der Intuition eigene Geistigkeit* in meinem Bewusstsein das Geistige meines Denkens gegenwärtig sein lässt." (Zitat: „Und er" (der denkend Erlebende) „kann sagen, dass sie" (die „geistige (!) Wesenhaftigkeit" des „Denkens" - so heißt es im vorausgehenden Satz) „ihm durch Intuition im Bewusstsein gegenwärtig wird.")

Dieser zuletzt zitierte Satz zeigt zweifelsfrei, dass es sich um die Beschreibung einer Erkenntnis handelt (wie das gerade angeführ-te Selbstgespräch auch schon eine solche war.) Wir wollen noch anmerken, dass Erkenntnis (und auch diese hier) begrifflicher Art ist, - dass das *Erleben* aber, auf das diese Erkenntnis sich richtet, *unbegrifflich* ist.

Der Geist-Erlebende fragt sich, wie er denn eigentlich zu diesem Erleben fähig geworden ist. Und er erkennt und (Zitat: „kann" sich deshalb „sagen, dass die geistige Wesenheit des Denkens ihm durch Intuition im Bewusstsein gegenwärtig wird.") Nicht er selbst, der Geist-Erlebende, ist es, der sich das Geistige der We-senheit des Denkens als Erlebnis schafft, sondern die Intuition lässt es – das Geistige: eben dieses Geistige seines Denkens - ihm (durch ihre Auffassungs-Funktion) in seinem Bewusstsein gegen-wärtig sein, *so dass* er es (das Geistige) erleben kann.

Sie also gibt es ihm: es wird ihm im Bewusstsein „*gegenwärtig*" (gegenwärtig - so heißt es ja folgerichtig im Zitat). Aber es ist nicht ein Gegebenes im bisherigen Sinne, sondern er erlebt es (das Geistige) als sein eigenes, weil *sein reines Denken* mit dessen (also seinem eigenen) Geistigen zur Höhe des Geistigen der Intuition selbst aufgestiegen ist; und daher (und das ist hier sehr bedeut-sam) die bisherige sog. *Auffassungs-Funktion der Intuition* für ihn *schwindet;* er wird (als der Denkende) gleichzeitig (synchron!) hinaufgehoben, (wenn wir so sagen dürfen), in die Region der Intuition selbst, also in *ihr eigenes Geistigsein.* Und dieses Hinaufheben ist wiederum nicht der Intuition alleinige Tat, sondern nur *ihre* Tat *durch seine Bewusstseins-Tat.* Folglich gibt er es sich in Wirklichkeit selbst. – Und die Wortwahl im Text: - „gegenwärtig" - hat dann auch zugleich die Bedeutung : in der „jetzigen Gegenwart", im „Jetzt". Und zwar im Unaufhörlichen des „Jetzt", solange diese Höhe des Erlebens gehalten werden kann.

Denn nur dadurch – wegen der Reinheit beider, des *reinen Denkens* und der *höchsten* (also ungetrübten *reinen*) Kraft-Stufe der Intuition – wird ja die höchste Kraftäußerung der Intuition hervorgerufen, so dass *diese höchste Kraft, das Ein-und-Alles der Intuition* (das ist *ihre reine Geistigkeit*), dem Denkbetrachtenden *sich selbst als* das Geistige ihrer Auffassungs-Funktion *geben kann.* Und mit dieser ihrer (der Intuition) höchsten Kraft – die sie ihm *durch ihre Auffassungs - Funktion* als ihre eigene Geistigkeit gibt, (auf dass er ein Geistiges – und das ist das seines Denkens – überhaupt auffassen kann), gelangt er durch sie zum Erleben des Geistigen – „in der Gestalt seines Denkens" (R.St.).

Sein betrachtendes Denken ist durch das Verleihen einer ganz vergeistigten Auffassungs-Funktion der Intuition in die Macht versetzt, mit Hilfe ihrer vergeistigten Auffassung für ihn (den Denkbetrachtenden) ihm die Fähigkeit zu vermitteln, erstmals während des Betrachtens des Denkens eines rein Geistigen *inne* zu werden. Und im Innewerden hebt sich die Auffassungsfunktion für ihn zugleich (synchron) auf und *wird* zum *Innewerden* des Geistigen des Denkens *und* der Intuition – was ein und dasselbe ist. Die Funktion des Auffassens geht über *in das Innewerden* selbst. Dieses Innewerden ist vollkommen begrifflos. Es ist *reines Erleben.*

Erleben eines *reinen Geistigen*, das er „*im* Betrachten seines Denkens" erlebend gewahren kann.

Weil aber des Denkenden eigenes <u>reines Denken</u> mit *dieses* Denkens <u>Geistigkeit</u> nichts anderes ist als die <u>Geistigkeit</u> der Intuition <u>als Offenbarung des Geistig-Wirklichen</u>, und sein <u>eigener</u> (des Denk-Betrachtenden) <u>Geist</u> auf denkende Weise „das <u>all-eine Wesen</u> wird" (R.St.), so erlebt er <u>zugleich</u> *das Geistige* des all-einen Wesens <u>durch</u> die *Intuition*. Und das ist *das Geistigsein* dieses Wesens: aber nur, *dass* es ein Geistiges ist (das ist wohl zu beachten).

Und auch die <u>Intuition</u> selbst ist ja <u>reine Geistigkeit</u>, (denn *sie* ist selbst das Geistig-Wirkliche, das <u>als</u> ein solches das <u>Geistige des all-einen Wesens der Welt</u> *im* Menscheninnern <u>offenbart</u> – eben *als* Intuition). Und folglich ist *ihr* <u>Hineinragen</u> in den Denkenden <u>insofern</u> zugleich auch *das reine Denken* dieses Denkenden, <u>als</u> die *erlangte* <u>Reinheit des Denkens</u> der Reinheit der Geistigkeit der Intuition entspricht (und damit der reinen *Geistigkeit* des all-einen Wesens selbst.)

Man ersieht daraus, dass das <u>reine Geistige</u>, das der Denkende hier erstmals erlebt, *wohl* <u>in der Gestalt</u> *seines* Denkens auftritt. Und natürlich ist es zunächst <u>sein</u> „eigenes" Denken, das er betrachtet, denn er bringt es ja selbst hervor. - Es heißt bei Rudolf Steiner dann aber schließlich auch <u>im oben genannten</u> (Zitat: „ . . . in dem auf sich selbst beruhenden Denken"). Es heißt hier *nicht*: in *sei-nem*, sondern *in dem.... Denken.*
Dies zeigt, dass außer *seinem* (des Denkenden) Denken ganz allgemein *das Denken überhaupt* genannt wird, folglich <u>nicht nur</u> das vom Denkenden ergriffene (als in ihn hineinragende), sondern <u>das Denken überhaupt</u>: als das *des all-einen Wesens der Welt*. Denn die *Geistigkeit* <u>aller drei</u> ist ein- und dieselbe. Alle drei sind *ideelles Denken*. <u>Das</u> enthüllt, dass *das Geistige* <u>in</u> der <u>Gestalt</u> des Denkens

(des Denkbetrachtenden) zugleich dasjenige *Geistige des Denkens überhaupt* ist, (womit wir meinen: des all-einen Denkwesens der Welt überhaupt). Und welches wir folglich *geistig* selbst werden, wenn wir es im Denken *erleben*.

Auch hier erinnern wir daran, dass das genannte Geistige zunächst (wirklich zunächst(!), d.h. ganz am Beginn des „Betrachtens des Denkens") nur philosophisch zu verstehen ist, dass aber dieses Noch-Philosophische, als bisher nur abstrakt Gedachtes, seine Abstraktion verliert und stattdessen einem bisher nicht gekannten Wirklichkeits-Charakter weichen muss. Und Wirklichkeits-Charakter heißt hier nicht, dass diese Wirklichkeit auch erkannt wird, sondern nur, dass das abstrakte (philosophisch nur gedachte) Geistige einem *Wirklich-Geistigen* zu weichen veranlasst wird: durch die vom Denkenden selbst hervorgerufene Bewusstseins-Steigerung, kurz: durch seine Bewusstseins-Tat. Es erscheint ihm ein Existierendes, das zwar nicht zu bestimmen ist, das aber stattdessen als Realität erlebbar wird: ein rein Geistiges.

Und hinzuzufügen und zu wiederholen ist hier, dass nicht erkannt wird, was das Geistige in seiner eigenen (des Geistigen) Wirklichkeit sei, sondern nur (und immerhin!): *dass* es *ein Geistiges* ist. Das ist ein Unterschied. – Und dieser Vorgang der Verwandlung ist identisch mit der Verwandlung der Funktion der Intuition als bisheriges Auffassungsorgan in die *Fähigkeit des Erlebens* des Denkbetrachten- den selbst, das ist: des *Geisterlebenden*.

Man erkennt *in diesem Erleben* den Übergang von der bloßen Philosophie zum erstmaligen Erleben eines rein Geistigen überhaupt. Was bisher nur ein Denken über das Geistige war: - hier wird es zum Erleben des Geistigen selbst.

Und hier ist das Ende der Philosophie erreicht, als einer im gewöhnlichen Bewusstsein verlaufenden, *begrifflichen* Gedanken-
tätigkeit. - Doch war es *sie*, die den das Denken Betrachtenden bis
zu *ihrer* (der Philosophie) eigenen Grenze immerhin selbst hat
führen können; und nur *sie* war es. Aber die aus *ihrer* Tätigkeit
heraus *auf*-steigende und von dem Denkenden zu erlangende Metamorphose des Bewusstseins (mit dessen Geist-Erleben) hat sie
nicht vollziehen können. Doch nicht etwa deshalb, weil ihr die Begrifflichkeiten fehlten, sondern natürlich deshalb, weil eben diese
Begrifflichkeiten jenes reale Geistige nicht erleben lassen können.

Wohl kann sie, (die Philosophie), noch beschreiben, dass jetzt der
Denkende ein Geistiges im Bewusstsein haben müsse. Aber das
Erleben selbst dieses Geistigen als Realität - das kann sie nicht beschreiben. In die höher erlangte Schicht seines Bewusstseins, in
die hinauf er sich zu schwingen hatte, kann sie als Philosophie begrifflich (und anderes steht ihr ja nicht zur Verfügung) nicht mehr
folgen, aber nur deshalb nicht, weil ihr eben eine ganz anders ge-
artete Bewusstseinsleistung obliegt.

Man kann leicht sehen, dass der das Denken Betrachten-Wollende
nur mit erheblicher Anstrengung sich hinein versetzen kann in
das Erleben des reinen Geistigen; dass er alle in Wechselwirkung
tretenden Kräfte zugleich zu beachten hat; und dass er in seinem
Bewusstsein selbst schließlich eine hervor-*zu-rufende* *Verwandlung seiner eigenen Tätigkeit* rechtzeitig bemerken muss. Dann
kann er *das Geistige* in dessen eigener Existenz zum ersten Mal
erleben. Und es ist dieses Geistsein, das als ein Reales bewusst
erlebt wird. -

Wenn man hier am Schlusse sagen wollte, unsere Betrachtungen
seien schwer verständlich, oder, was besonders beliebt ist, die
Frage stellte „Wie kann man das erleben?", so würde uns das nicht

weiter wundern. Rudolf Steiner bemerkt einmal ziemlich lapidar gegenüber einer solchen Frage: wer erleben wolle, müsse sich anstrengen. Ein nur Zu-Schauer – (genau ein solcher!) – will aber dieses gerade nicht; er bemäntelt es mit obigem, höhnisch gemeintem Bedenken.

Wir aber glauben, dass sich die „Philosophie der Freiheit" ohne auftretende Schwierigkeiten vielleicht gar nicht verstehen lässt. Denn die Hindernisse sind ja doch nur die, die wir in Wirklichkeit selber ganz gut kennen könnten.

Intuitives Erleben

Es *erlebt* der Denkende, indem er zunächst unbewusst in der Intuition lebt, später im Verlaufe der Betrachtung des Denkens deren Geistiges bewusst. Denn die Intuition lässt ihn ja mittels ihres eigenen Geistigen das Geistige seines Denkens erfassen. Diese anfänglich widersprüchlich erscheinende Auffassung löst sich folgendermaßen auf:

Beim alltäglichen Denken hat die Intuition als eines auf nur niederer Stufe stehendes Auffassungsorgan lediglich ermöglicht, Begriffe zu bilden. Zum Erleben des Geistigen des Denkens aber muss eine solche Höhe der Intuition sich der gesteigerten Fähigkeit des Denkenden *ergeben*, dass diese Höhe ihres Sichgebens auch der Höhe *ihrer* eigenen Geistigkeit entspricht.

Mit anderen Worten: eine Intuition als die Offenbarung des Geistig-Wirklichen ist vom Denkenden in der jeweiligen, der Wahrnehmungs-Qualität entsprechenden *Stufe* zu finden; eine einfache Wahrnehmung erfordert eine geringe Stufe. Unter Stufe ist hier zu verstehen: Die Intuition selbst ist eine geistige. Hat das vom Denkenden zu denkende Objekt eine Sinnes-Form, so gibt sich die Intuition ihm in einer Form, die weit unter ihrer Geisteshöhe ist.

Was ist diese „Geisteshöhe"? Es ist ihr rein-ideelles Dasein. Je weniger *sinnes*-inhaltlich das Objekt, desto mehr zeigt die Intuition von ihrer Geistigkeit *zur Auffassung für das Denken.*

Was wir hier *Stufen* nennen, ist das gleiche, was Rudolf Steiner in der „Phil. d. Fr." als *Kräfte der Intuition* bezeichnet. (Zitat, gegen Ende 7. Kap.: „Die *Vertiefung* (kursiv R.St.) der Erkenntnis hängt von den im Denken sich auslebenden Kräften der Intuition ab. Diese Intuition kann in demjenigen *Erleben* (kursiv R.St.), das im Denken sich ausgestaltet, in tiefere oder weniger tiefe Untergründe der Wirklichkeit tauchen.") Wir untersuchen das Zitat:

(1. Satz): Das tiefere oder weniger tiefe Erkennen hängt ab von Kräften der Intuition; diese Kräfte leben sich aus im Denken; das bedeutet: die Kräfte der Intuition, die ja unbewusst sind, leben sich (wirken sich) im bewussten Denken (in dem ja zunächst allein bewusste Erkenntnis möglich ist) aus, und dieses Ausleben ist verschieden je nach Kraftäußerung der Intuition. Es heißt im (Zitat: „Die Vertiefung *der Erkenntnis* . . .") Das ist zu beachten. *Erkenntnis* ereignet sich nur (!) im begifflichen *Bewusstsein. Nur für ein solches* begriffliches Bewusstsein ist der Zusammenhang von Intuition und Denken hier in diesem Zitat aufgezeigt.

(2. Satz): Im Denken gestaltet sich ein Erleben aus. Dieses Erleben ist rein begrifflicher Natur – das muss hier (wir wiederholen:) streng beachtet werden. Denn im Denken des Denkenden sind nur *Begriffe* bewusst. Und das *Erleben* der Welterscheinungen innerhalb des Denkens geht nur auf begriffliche Weise. Mit anderen Worten: Das gewöhnliche *Denken* hat ein, (durch die Intuition für dieses Denken aufgefasstes), Geistig-Wirkliches einer Wahrnehmung so (auf solche Weise) *in begriffliche Form* „aus-zu-gestalten", dass mit diesem Ausgestalten ein immer genaueres *denkendes Erleben der Wahrnehmungswelt* möglich werden kann. (Wer nicht

genaue Begriffe aus der Intuition bilden kann, der erlebt <u>denkend</u> die Welt nur ungenau). <u>Dieses</u> <u>begriffliche</u> Erleben ist ein solches, das von der Intuition wohl abhängig ist, aber vom Denkenden zu einem <u>gewissen Erleben-Können</u> ausgestaltet, fortentwickelt werden muss.

Des Denkers Fähigkeit muss das aus der <u>Kraft der Intuition</u> Empfangene <u>im Denken selbst</u> zum *begrifflichen* Erleben bringen – das bedeutet: eine <u>durch Selbsttätigkeit</u> gesteigerte besondere *Bewusstseins-Tätigkeit* zum <u>begrifflichen</u> *Ausgestalten* entwickeln, *die* (diese Bewusstseins-Tätigkeit – das ist das Denkvermögen) wiederum <u>zurückwirkt</u> auf die Intuition, <u>wodurch</u> diese Intuition daraufhin in die Möglichkeit versetzt wird, <u>tiefer</u> als zuvor in die Untergründe der Wirklichkeit zu tauchen. Und das heißt: weitere <u>Geist-Wirklichkeiten</u> der <u>Wahrnehmungs-Welt</u> und <u>ihrer Zusammenhänge</u> für das Denken aufzufassen. - Das Ganze ist ein Prozess des <u>begrifflichen</u> Denkens von <u>stofflichen</u> Inhalten <u>hin</u> <u>zu</u> einem immer unstofflicher, also geistig-inhaltlicher werdendem Denken: <u>in Richtung</u> *reines Denken.*

Wie man sieht, wird hier <u>eine Wechselwirkung</u> von *Intuition* und *Denken* gekennzeichnet, aus der hervorgeht, dass nicht etwa das Denken <u>nur</u> von der Intuition, sondern <u>umgekehrt</u> <u>auch</u> die Intuition von der <u>zu entwickelnden</u> Denktätigkeit abhängt.

Denn mit je feineren Begriffen <u>im</u> Denken <u>eine Erkenntnis</u> *erlebt* wird, (und das bedeutet zugleich: je „reiner" damit das Denken wird), mit desto <u>höherer</u> Kraft kann wiederum die Intuition wirken, um die (noch begriffliche!) Erkenntnis durch Auffassen weiterer <u>Geist-Wirklichkeiten</u> von <u>Wahrnehmungen</u> ihrerseits zu vertiefen.

(Es ist hier zu beachten, dass die eben genannte Art des Erlebens (7.Kapitel) keinesfalls verwechselt werden darf mit dem Erleben (9.Kapitel) *des Geistigen* bei der *Betrachtung des Denkens*, denn bei der im obigen Zitat (1.Satz und 2.Satz) genannten Art des Erlebens handelt es sich noch ganz allgemein um die Kennzeichnung einer Gesetzmäßigkeit, die zwischen Intuition und dem Denken *für* das *gewöhnliche* Bewusstsein überhaupt besteht. (Im 9. Kapitel aber geht es um ein unbegriffliches Erleben des Geistigen).

Es ist deutlich die Wechselwirkung von *Denken* und *Intuition* zu erkennen: Die *Intuition* ermöglicht dem *Denken*, ein Erleben zu gestalten; und dieses Erlebens-Gestalten im *feiner* werdenden *Denken* ermöglicht wiederum der *Intuition* ein weiteres, tieferes Eintauchen in die Wirklichkeit.

Je feiner, differenzierter das Denkvermögen, desto kräftiger zeigt sich die Intuition *als Geistige*. Das Auffassen eines rein Geistigen für das Denken ist ihre höchste Kraftäußerung. So sind verschiedene Stufen von Kräfte-Äußerungen möglich. Eine *höchste* Kraftäußerung ist das *Auffassen* des *Geistigen* des reinen Denkens *für* den Denkenden.

In seiner höchst-gesteigerten Form ermöglicht das Reine Denken der jeweiligen Intuition deren Wirken in *ihrer* reinen Geistigkeit, heißt: als sie selbst – also als Offenbarung des *Geistig-Wirklichen*, das sie selber ist. Von den unterschiedlich starken Kräften der Intuition hängt die unterschiedlich starke Vertiefung der Erkenntnis ab (s. Zitat). Denn je stärker die Intuition als Geistige wirken kann, also mit je höherer Kraft ihrer selbst, desto tiefer das *Sich-Hineinarbeiten des Denkenden* in das allgemeine Weltgeschehen, das *all-eine Wesen der Welt.* Und das ist das *all-eine Denken.*

Ist ein Objekt zu denken, das selbst *geistiger Art* ist, so muss sich die Intuition auf ihrer entsprechend höchsten Stufe mit ihrer höchsten Kraft, d.h. als *ihr eigenes* rein Geistiges selbst, durch die entsprechende geistige Fähigkeit des Denkenden zeigen. Wie sie auf den niederen Stufen einfachere Begriffe dem Denken auffassbar gemacht hat, so gibt sie *als ihr Auffassen* für ihn (den Denkenden) jetzt ihre höchste Kraft - ihr eigenes Geistiges selbst - dem Denken.

Wir erinnern daran, dass das „gibt" hier nur heißt, dass die Intuition als Auffassungs-Organ dem Denken das Erfassen eines Geistigen (des Geistig-Wirklichen des Denkens) ermöglicht, indem sie ihm mit ihrem (immer noch) unbewussten Auffassen ihr eigenes Geistiges zuteil werden lässt, auf dass er mit diesem Geistigen der Intuition das eigene Geistige seines Denkens erleben kann. Indem sie (die Intuition) aber dem Denken dessen Geistig-Wirkliches aufzufassen gibt, *verwandelt sich* notwendigerweise *ihre Funktion* des (bisherigen) Auffassens für das Denken: *in* des Denkens *Erleben* des *Geistigen ihrer* (der Intuition) *selbst.* Wir wollen das gleich erläutern.

Dies ist unsere Situation bei der Betrachtung des Denkens: die Intuition (als ein Organ der Auffassung) lässt den Denkenden ein rein Geistiges (dasjenige seines Denkens) auffassen, auf dass das Denken dieses Geistige (also sein eigenes) denken kann; und es ist doch zugleich das Geistige der Intuition selbst, denn sie veräußert sich *ihm* (dem *reinen* und *zugleich betrachtenden* Denken) in ihrer höchsten Kraft, also in ihrem eigenen Nur-noch-geistig-Sein.

Und das ist dieselbe *Geistigkeit* von: Intuition / betrachtendem Denken / zu betrachtendem Denken / dem Geistigen des Denkenden / dem Denken als das all-eine Wesen überhaupt. Dass diese Fünf *geistiger* Art sind, ist allen gleich. Folglich ist das *Erleben* des

Denkenden dasjenige des *eigenen* Geistig-Wirklichen und zugleich (synchron) das *Erleben* des Geistigen *der Intuition*, wie auch des all-einen Wesens.

Und damit verliert sich die *Auffassungs-Funktion* der Intuition und wird im Denkbetrachtenden zum *Erleben* des Geistigen überhaupt. Wir wollen es wiederholen: das *Auffassen* selbst wird *Erleben*. *Erleben* als eine Fähigkeit. - Was erlebt wird, ist davon noch einmal verschieden. - Und weil das Geistige seines Denkens auch das Geistige der Intuition ist, erlebt der Denkbetrachtende das Geistige der Intuition und damit erstmals sie selbst, indem *ihr früheres Auffassen* zu seinem *Erleben* geworden ist, und er mit diesem Erleben-Können ein *Geistiges* erlebt, das – wie seines Denkens eigenes *Geistiges* - auch zugleich des *Geistige* der Intuition selbst ist. Denn beide sind von gleicher Art. Beide sind ein Ideelles, beide sind ja das Denken schlechthin.

Was früher immer unbewusst bleiben musste, wird durch die *Bewusstseins-Tätigkeit* des Denkbetrachtenden nunmehr selbst bewusst: *die Intuition*, als die dem Denken zugehörige, selbst Gedankliche, also Ideelle, Offenbarung des Geistig-Wirklichen. Und „Gedankliche", „Ideelle". . . bedeutet hier: als ein gedankliches ideelles Element ist sie das Geist-Wirkliche einer Wahrnehmung.

Das Gewahrwerden des Geistigen des Denkens erfolgt aus der Kraft der Intuition: aus dem *Sich-selbst-geben der Intuition*, insofern sie ein Geistiges selbst ist. Wenn auch die Intuition selbst in *ihrer* wahren Wirklichkeit dem Denkenden unbekannt bleibt, (sie – wohlgemerkt: *die Wirklichkeit* - wird ja nie bewusst; der Denkende kann philosophisch nie ihr wahres Sein erfahren), so erfährt er doch *immerhin* durch die Auffassungsfunktion der Intuition (mittels ihres eigenen Geistigen – Stichwort: höchste Kraftäußerung), *die Fähigkeit*, das *Geistige* des betrach-*teten* Denkens erstmals bewusst *zu erleben*.

Und indem er das *Geistige* des betrach-*teten* Denkens erlebt, ist dies gleichbedeutend mit dem Erleben des *Geistigen* des betrach-*tenden* Denkens. Das *Geistige* beider ist ja ein- und dasselbe. Die Intuition ermöglicht dem Denkenden das Auffassen eines Geis-tigen (des Denkens), weil sie selbst von gleicher Geistigkeit ist. Und *ihr* Auffassen *für* ihn wird *sein* Erleben. *Im* Erleben wird die Funktion des Auffassens seine Fähigkeit: jene Funktion *wird* sein *Erleben*. Erstmals bewusstes Erleben.

Deshalb heißt es (Zitat, 9.Kap.: „Er" - der „Durchschauende", heißt es zuvor – „wird in *demjenigen*, das als Denken im Bewusstsein auftritt .... eine auf sich ruhende *geistige Wesenhaftigkeit*") „sehen". („Und *von dieser* kann er sagen, dass sie ihm durch Intuition im Bewusstsein gegenwärtig wird.")

(Zwischenbemerkung: es muss genau unterschieden werden zwi-schen (1.) „geistiges Wesen" und (2.) „geistige Wesenhaftigkeit". Nr. (1) betont das *Wesen*, es ist ein geistiges; Nr. (2) betont die *Seinsart* einer Sache oder eines Vorganges, die von *geistiger Natur* sind. – Hier im letztgenannten Zitat handelt es sich um die Letztere, Nr. (2.): die Seinsart des Denkens, die von geistiger Natur ist: eben von „geistiger Wesen-*Haftigkeit*".)

Und weil die *Intuition* ihm, dem Denkenden, dieses *Erleben* er-möglicht, indem sie *sich* ihm *als ihre Geistigkeit selbst* gibt, nennt Rudolf Steiner dieses ein *„intuitives Erleben"*. (Das *Erleben* hat den *Charakter der Intuition* selbst angenommen – beide sind eines ge-worden.)

Und so heißt es im 9. Kapitel, präzise diesen Tatbestand ins Auge fassend, (Zitat: „Intuition ist das im rein Geistigen verlaufende bewusste Erleben eines rein geistigen Inhaltes.").

Sehen wir genau hin, dann enthüllt sich in diesem Satz die Identität von Intuition und bewusstem Erleben: „Intuition ist ... das ... bewusste Erleben". Die Intuition *ist* nichts anderes als das *Erleben* des Denkenden geworden. Auf dieser Höhe – es heißt gleich zweimal, wie zur nachdrücklichen Bekräftigung: „rein Geistigen" und „rein geistig" – ist die *Intuition* (als bisheriges Auffassungs-Organ, aber von nun an *nur* noch als fortdauerndes *Geist-Wirkliches ihrer selbst* !) zum *Erleben* des Betrachtenden geworden.

Und erlebt muss das Geistige werden, denn hier fehlt jeder Begriff für das Geistige. Die Intuition kann den Begriff dafür dem Denken nicht ermöglichen, denn es gibt keine zugehörige Wahrnehmung, kein Gegenüberstehendes mehr, wie das auf unterer Stufe der Fall war und auf der ein Begriff zu bilden gewesen wäre: Begriff und Wahrnehmung *fielen* ja hier im Betrachten des Denkens in eines *zusammen*. Es gibt keine Begriffe im Erleben. Das Geistige selbst ist philosophisch nicht benennbar oder beschreibbar mit Begriffen. Es kann nur *erlebt* werden; nur erlebt werden, dass es ein Geistiges ist. Und das *Erleben* selbst ist ein geistiges. Und das *Erlebnis*: Reiner Geist.
Und dieses *Erleben* ist keine Philosophie mehr. Denn nicht nur das Erlebte (das „Objekt", d.i. das Geistige selbst als Wesenhaftes), ist nicht mehr Gegenstand der Philosophie; sondern eben gerade auch das Erleben selbst als *Fähigkeit* ist es nicht mehr.

Fragten wir, welcher Geist denn? So lautete die Antwort: Welcher Natur dieses Geistige ist, bleibt vollständig verhüllt für das *philosophische* Erkennen. Aber dass es ein Geistiges ist, das wird erlebt. Wenn wir sagen würden, es sei doch das Geistige *des Denkens*, so hätten wir nur dann Recht, wenn wir damit nicht zugleich das *Denken selbst* in *dessen Wirklichkeit* zu erkennen glaubten. Denn

<u>was</u> das *Denken* ist, bleibt gleichfalls unerkennbar. Erlebbar nur wird das *Geist-Dasein* in der Gestalt des Denkens.

Das ist nicht dasselbe. (Zitat, Anfang 9. Kap.: „Ja, man kann sagen, wer die Wesenheit des Geistigen *in* der *Gestalt*, in der sie sich dem Menschen zunächst darbietet, erfassen will, kann dies –*in*- dem auf sich selbst beruhenden Denken.") - Wie man sehen kann, wird <u>nicht</u> gesagt, dass man die <u>Wirklichkeit</u> des Denkens erleben könne, sondern die (immer noch <u>nur philosophisch</u> zu erfassende) Wesenheit des Geistigen *im* Denken.

Das Geistige <u>im</u> Denken wird nur erlebbar, wenn es (das Geistige) <u>als</u> eine Intuition erfasst werden kann. Sie gibt dem Denkbetrachtenden die Möglichkeit, ein <u>rein Geistiges</u> im Bewusstsein zu erleben. Dieses <u>Erleben</u> ist deshalb „intuitiv", weil die Intuition *als* rein geistige Kraft *selbst das Geist-Erleben* des Denk-Erlebenden *ist.*

Und weil die Intuition (auf ihrer höchsten Stufe) dem Denkenden <u>mit</u> <u>ihrem</u> <u>eigenen</u> Geistigen <u>das Geistige</u> *im* Denken aufzufassen ermöglicht, und also es ihn *erleben* lässt, ist schließlich die Intuition *sein* (des Denkenden) *Erleben selbst.* Denn die Intuition wirkt und erscheint zugleich nur noch *als* rein Geistiges, das mit dem Geistigen des Denkens, <u>wie auch mit</u> dem Geistigen des *Denkenden eines* <u>ist</u>; denn die Intuition selbst ist nichts anderes als Offenbarung des Geistig-Wirklichen und damit ein rein Geistiges selbst <u>als gedankliche Offenbarung.</u>

Und so lebt der Denkende <u>als</u> ein selbst Geistiger <u>im</u> Geistigen des Denkens und <u>im</u> Geistigen der Intuition - als einer sich *zugleich* (synchron) <u>im</u> <u>eigenen</u> <u>Geist</u> *Erlebender;* und verschmilzt mit jenen Anderen in eines. Das *Geistige* der <u>Intuition</u> ist ihm *das Auffassungsorgan* des <u>Geistigen</u> *seines Denkens geworden* und *wird* ihm ebenso *zum Auffassungsorgan* für das Erfassen seines eigenen Geistigen (denn *sein* Denken *als* Geisttätigkeit ist ja *seine* eigene Tätigkeit – also *er selbst*). Und das bedeutet ja nichts anderes, als dass das Auffassungsorgan *sein eigenes Auffassen wird. Er fasst* mit ihm (das bedeutet: *mit sich*) das *Geistige* von: Intuition, Denken und *sich selbst auf.* Denn immer ist es nur das gemeinsame und damit all-eine Geistige des Denkens überhaupt.

Denn *das Geistige* wird hier nicht differenziert nach seinen vier Erscheinungsformen (Intuition, Denken, all-eines Denk-Wesen, er selbst), sondern es kommt einzig darauf an, *dass* es ein Geistiges (überhaupt) ist. Und *nur das* wird erlebt. Allerdings *in* diesen bestimmten, jeweils verschieden in Erscheinung tretenden Formen. Der Unterschied ist wohl zu beachten! (Weshalb man sie alle vier auch auseinander zu halten und doch wieder vereint als *rein Geistige* sich zu vergegenwärtigen hat.)

Wir wollen in Erinnerung rufen, dass hier Gleichzeitigkeit vorliegt. Was hier beschrieben wird, ist nur ganz am Anfang ein Nacheinander. Danach geht es rasant in ein Gegenwärtiges, in dem *alles* zugleich beachtet, auseinander gehalten und doch wieder vereint *erlebt* werden muss.
Unser Leser wird gewahr geworden sein, dass er als Selbsttätiger diese *Synchronizität im Erleben* sich selbst hat schaffen müssen.

Das Erleben des Geistigen ist das Eintauchen des *Geistes* des Denkbetrachtenden selbst in das sich offenbarende *Geistige*, nicht mehr nur in das *des eigenen* Reinen Denkens, sondern in das sich offenbarende Geistige *des* Denkens *überhaupt.* Also auch in das Geistige des all-einen Wesens. (Zitat, 5. Kap.: „Wenn wir denken, sind wir das all-eine Wesen, das alles durchdringt"), eben auch den das Denken Erlebenden durchdringt.

Wollten wir, selbst innehaltend, fragen, *dass* das Erleben des Geistigen des all-einen Wesens der Welt ja *noch nicht* das Erleben des wirklichen *Seins* des Denkens *als Wesen* wäre, - wir folglich auch nicht berechtigt wären zu sagen, dass wir, das Geistige des Denkens erlebend, auch zugleich *das Denken selbst* würden, - (wie es im letzten Zitat doch heiße, eben: „sind wir das all-eine Wesen") - so müssten wir antworten, dass, wer im *Geistigen* des Denkens lebt, ja auch im Denken selbst lebt und dort, dessen Geistiges erlebend, das Denken als dessen Geistiges selbst wird; denn das Existentielle des Denkens überhaupt ist ja dessen Geist-Dasein. Und weil dieses Existentielle erlebt wird, und man als Erlebender das wird, was man erlebt – so wird man auch das Denken *in dessen Geistdasein* selbst. - Das „wirkliche Sein" des Denkens in seiner *Wirklichkeit* ist, wir wiederholen es, philosophisch nicht erkennbar.

Denn – wie wir früher schon betont haben – weiß man dann noch nicht, *was* das Denken als (ein etwa vermutetes übersinnliches) Wesen der Wirklichkeit ist. Denn diese Frage zu klären fällt nicht in das Gebiet der Philosophie, sondern (natürlich) in das der Anthroposophie. Auch wenn manches ähnlich klingt. Denn es wird auch in der „Philosophie der Freiheit" von Wesenhaftem, von geistiger Wesenhaftigkeit und geistigem Wesen (z.B. einer Wahrnehmung), vom Innern, von Ichheit und Ich gesprochen. Aber eben: *philosophisch*.

Dem Fordern oder Wünschen einer genaueren (und damit gemeint: „höheren") Charakterisierung des Denkens – „höher", als dass sie bloß ein begrifflich zu erfassendes Geistiges sei – kann im Geltungsbereich der Philosophie nicht entsprochen werden. Das wirkliche Wesen ist mit ihren Mitteln nicht erkennbar. Innerhalb des Bereiches der Philosophie gibt es nur ein Denken *über* das

Geistige, und nur *über* das Wesen. *Nicht* aber gibt es deren (nur geistig wahrzunehmende) *Wirklichkeiten.*

Dass Denken, Intuition, all-eines Wesen alle *geistiger* Natur sind, beeinflusst nicht ihre funktionelle Verschiedenheit in ihrer Bedeutung als „Weltangehörige", (wenn wir sie so nennen dürfen). Alle haben ihre jeweiligen spezifischen Bestimmungen, von denen hier ja vielfach die Rede war. Aber eines haben sie eben gemeinsam: nicht das *jeweilig* Geistige selbst ist allen gleich, sondern dass ihr jeweilig verschieden zu vermutendes Geistiges von geistiger Natur ist: das ist allen gleich. Und *das* nur ist es, was der das Denken Betrachtende erlebt.

Was liegt der „philosophischen Intuition" der „Philosophie der Freiheit" anthroposophisch zugrunde?

Obwohl diese Frage nicht mehr zu unserem Thema einer Untersuchung der Intuition in der „Philosophie der Freiheit" gehört, wollen wir doch dieses Thema zum Schlusse hier kurz behandeln, weil (wie oben kenntlich gemacht) gelegentlich eine Gleichsetzung der philosophischen mit der anthroposophischen Intuition behauptet wird. Die „philosophische Intuition" ist natürlich nicht identisch mit der „Intuition" als der höchsten Stufe des anthroposophischen Erkenntnisweges.

Erneut ziehen wir Rudolf Steiners Werk „Von Seelenrätseln" zur Untersuchung zu Rate. Diesmal das Kapitel IV „Skizzenhafte Erweiterungen des Inhaltes dieser Schrift", unter 6. „Die physischen und die geistigen Abhängigkeiten der Menschenwesenheit." Dort findet man die folgenden, hier rein anthroposophischen Betrachtungen. (Wegen unterschiedlicher Ausgaben – hier von 1960 auf Seite 160 etwa beginnend - bezeichnen wir als ungefähren Ort die 11. Seite nach Beginn des genannten 6. Unter-Kapitels.)

Dort geht es um die anthroposophische (Zitat: „Erkenntnis der Beziehungen", „welche das Seelische des gewöhnlichen Bewusstseins zum Geistesleben hat"). Das gewöhnliche Vorstellen habe seine Grundlage in der Nerventätigkeit, so habe es auch „im Geistigen" eine „Grundlage".
(Zitat S. 162: „Sieht man nach dem Leibe hin, so findet man die Nerventätigkeit, die als Vorstellungswesen lebt; sieht man nach dem Geiste hin, so gewahrt man den Geist-Inhalt der Imaginationen, der in eben dieses Vorstellungswesen einfließt.")

Danach folgt das für uns Entscheidende: (Zitat, S.162: „. . . so kommt zum Vorstellen hinzu ein aus dem Geiste fließendes Seelenerlebnis, dessen Inhalt unbewusst bleibt, solange es sich nur um das gewöhnliche Bewusstsein handelt, weil er in den Imaginationen von einer dem physischen Objekt zugrunde liegenden geistigen Wesenhaftigkeit besteht, die zu der Vorstellung nur das hinzufügen, *dass deren Inhalt existiert.*") (kursiv R.St., Unterstreichungen Verf.)
Man achte hier auf die ganz entsprechende, weiter oben in dieser Schrift in dem Kapitel über Max Dessoir, angeführte Darstellung Rudolf Steiners über die „philosophische" Intuition in „Von Seelenrätseln". Hier aber ist sie rein anthroposophisch ausgeführt. Aus beiden Darstellungen, nebeneinander betrachtet, ist unverkennbar, dass die philosophische „Intuition" des Werkes „Die Philosophie der Freiheit" auf anthroposophischer Seite nichts anderes ist, als die „Imagination".
Wir wollen den zunächst schwierig zu verstehenden Zusammenhang obigen Zitats genau untersuchen, indem wir in das obige

Zitat unsere jeweiligen Erläuterungen in Klammern einfügen oder Unterstreichungen vornehmen:

(Zitat wie oben S. 162: „... so kommt zum Vorstellen (des gewöhnlichen Bewusstseins) hinzu ein aus dem Geiste (dem Ätherleib – wird vorher dort erklärt) fließendes *Seelenerlebnis* (in Imaginations-Form), *dessen* Inhalt unbewusst bleibt, solange es sich nur um das gewöhnliche Bewusstsein handelt, weil er (der unbewusste Inhalt) in den Imaginationen (das ist das unbewusste Seelenerlebnis) von einer dem physischen Objekt (einer Wahrnehmung) zugrunde liegenden geistigen Wesenhaftigkeit (das ist das Geistig-Wesenhafte des Objektes) besteht, die zu der Vorstellung (des physischen Objektes) das hinzufügen, dass deren (der Vorstellung) Inhalt existiert.) Schwierig? Wir entflechten:

Der Vorstellung des gewöhnlichen Bewusstseins liegen Imaginationen zugrunde. Diese Imaginationen ergeben ein Seelenerlebnis, das aus dem Ätherleib fließt; dieses Seelenerlebnisses (!) Inhalt bleibt für das gewöhnliche Bewusstsein unbewusst. Es ist der Inhalt von Imaginationen, (nicht der Inhalt der Vorstellung (!), der hier überhaupt nicht thematisiert wird). - Was ist dieser Inhalt der Imaginationen? Er ist die geistige Wesenhaftigkeit (gleichbedeutend mit unserem bekannten *Geist-Wirklichen*) des physischen Objektes. Und weiter:

Diese Imaginationen fügen der (gewöhnlichen) Vorstellung etwas hinzu. Es heißt („...die zu der Vorstellung...hinzufügen"): es sind die *Imaginationen*, die hinzufügen, nicht die geistige Wesenhaftigkeit – wie man vielleicht glauben könnte, denn es ist Plural: „sie fügen". Anders müsste es heißen: sie (die geistige Wesenhaftigkeit) „fügt"... Und wem fügen sie (die Imaginationen) etwas hinzu? Der gewöhnlichen Vorstellung. Und was? Dass deren (der Vorstellung!) Inhalt existiert! Und was kann das sein?

Dazu müssen wir etwas ausholen und auf den Inhalt des Werkes „Von Seelenrätseln" noch weiter eingehen.

Eso-terisch betrachtet, wird das „lebendige Vorstellungswesen der Seele" (das sind die Imaginationen) durch jede einkommende Sinneswahrnehmung (und durch das auf Sinneswahrnehmungen gerichtete Denken) „abgelähmt" zum Vorstellungs-Leben des gewöhnlichen Bewusstseins; und das heißt zugleich exo-terisch: zu den Begriffen (hier Vorstellungen genannt) des normalen Bewusstseins; (siehe zu diesem Vorgang auch Kapitel I, „Anthropologie und Anthroposophie" in „Von Seelenrätseln").

Exo-terisch (d.h. philosophisch) ist die eso-terische Imagination auf der philosophisch gefassten Seite: die Intuition als Auffassungsorgan für das Denken, das bedeutet: das Denken kann den entsprechenden Begriff aus der Intuition herausarbeiten.

Das ist der eso-terisch gleichzeitig ablaufende Ablähmungs-Vorgang in der Imagination. Und das heißt hier: der ätherischen Imagination wird das Lebendigsein abgelähmt; es erscheint (exo-terisch) der Begriff. Und exo-terisch ist das der gleichzeitig ablaufende Vorgang der Begriffsbildung im gewöhnlichen Bewusstsein aus der Intuition, wie sie in der „Philosophie der Freiheit" genannt ist. Dadurch erst wird exo-terisch der gebildete Begriff im Bewusstsein beobachtbar. – Das eso-terische „Ablähmen" des „Ätherleibes" (denn der ist dasjenige, was den Imaginationen zugrunde liegt) ist synchron das exo-terische unbewusste Auffassen des Begriffes aus der (philosophischen) Intuition und zugleich das Hervorbringen des Begriffes durch das gewöhnliche Denken. Zeitlich ist es ein und derselbe Vorgang, nur auf verschiedenen Seiten der Wirklichkeit: einerseits eso-terisch und andererseits exo-terisch.

Und bei dem zitierten : „*dass deren Inhalt existiert*" (man lese noch einmal obiges Zitat S. 162) ist ja leicht einzusehen, dass es nicht der „*Inhalt*" (der Inhalt!) ist, der von der „geistigen Wesenhaftigkeit" (der *Imagination*) zu der Vorstellung „hinzugefügt" wird, sondern natürlich nur, „*dass* er (*der Inhalt der Vorstellung !) existiert*". Der *Inhalt der Vorstellung* existiert eben –in- einem dann Geistig-Abgelähmten, und das bedeutet: es ist zwar *gerade noch* ein Geistiges, aber als gewöhnliche Vorstellung *ein in die physische Welt versetztes* und dadurch abgelähmtes Geistiges, wodurch die Vorstellung die *Lebendigkeit der Imagination*, d.i. des „lebendigen Vorstellungswesens", verloren hat. Dies abgelähmte – aber doch - Geistige wird der Vorstellung hinzugefügt durch die Imagination, auf dass der *Inhalt* der Vorstellung *in* einem abgelähmten, das heißt: nicht mehr *lebendig-imaginativen* Geistigen (aber eben doch Geistigen) innerhalb des Seelenlebens überhaupt existieren kann. Das doch „noch Geistige" ist der hinzugefügte ätherische Rest.

Zur Verdeutlichung möchten wir hier erinnern an „Kosmologie, Religion und Philosophie – Autoreferate Rudolf Steiners zum sog. Französischen Kurs", Ende des Kapitels II (GA 25) (Zitat: „In diesem Denken," – (das ist das zuvor dort genannte, abstrakte Denken, ‚das durch den physischen Organismus ausgeführt wird') „das *ein Scheinleben* hat, weil es geistige Substanz ist, in die physische Welt versetzt, erlebt der Mensch eine objektive Naturerkenntnis .... usw".)

Das „Scheinleben" ist der abgelähmte Teil des Ätherleibes; es ist „geistige", das heißt hier „ätherische", Substanz (oft von Rudolf Steiner synonym gebraucht), *die*, in den physischen Kräftezusammenhang des physischen Leibes „*versetzt*" ist, und deshalb ihr „Leben" verloren hat. „Schein" heißt: nicht mehr volle „ätherische", lebendige Wirklichkeit.

Insgesamt liegt folgendes vor: die *Imagination ist* das *wahre* Geistig-*Wirkliche* einer Wahrnehmung; sie ist die (nur mit schauendem Bewusstsein im Sinne exakter Clairvoyance) zu erfassende Wirklichkeit der (nur philosophisch) genannten „Intuition" aus der „Phil.d.Fr."

Und zum Schluss dieses Themas, (ebenfalls aus letztgenannten Autoreferaten, XIII. Kapitel), den Tatsachenvorgang hell beleuchtend, (nach vorausgehendem: „Man imaginiert auch im gewöhnlichen Seelenleben; aber unbewusst.") *Rudolf Steiners* Zusammenfassung: (Zitat: „Imaginierte man nicht, so dächte man nicht.") –

* * *

Dies ist das Ende unserer Untersuchungen, von denen wir sicher sind, dass sie den Gedanken der „Philosophie der Freiheit" (wie auch denen der anderen Quellen) streng gefolgt sind, und von denen wir hoffen, dass auch der Leser ihnen hat folgen können.

Wir kennen keinen anderen Autor mit einer genauen Analyse unserer Themen, auch keinen, der zu unseren Ergebnissen gelangt wäre. Sollte ein Leser der „Philosophie der Freiheit" schon vor uns zu einem gleichen Resultat gekommen sein, wie wir, so möge er, falls eine Veröffentlichung bereits vorliegt, diese freundlicherweise und zu unserer Freude mitteilen. Sollte das nicht der Fall sein, so würden wir uns in gleicher Weise über seine Verbindungsaufnahme, wie auch über die eines jeden anderen Lesers freuen, gleichviel ob mit (harscher) Kritik oder mit Zustimmung.

*

Zum Schluss möchten wir dem Leser eine besondere Frage mitgeben, die zu beantworten ihm selbst aufgegeben sei und die er sich vielleicht während der Lektüre unserer Ausführungen schon lange gestellt hat.

Die Frage.

>Ist die „Intuition" der „Philosophie der Freiheit" das Ergebnis einer „seelischen Beobachtung nach naturwissenschaftlicher Methode", wie es im Untertitel des Buches heißt? <

*

Und ganz zum Abschluss wollen wir noch darauf verweisen, dass zur Zeit (Herbst 2019) unserer vorliegenden Untersuchung seit der Erst-Veröffentlichung der Schrift Rudolf Steiners „Die Philosophie der Freiheit" im Jahre 1894 inzwischen 125 Jahre vergangen sind.

Über den Autor

Kai Gabriel Priebe, Waldorfschüler, Dr.med., Facharzt für innere Krankheiten, 7 Jahre klinische und 37 Jahre hausärztliche Tätigkeit. Über Jahrzehnte Mitarbeiter der „Medizinischen Arbeitsgruppe am Goetheanum" und „- in Hamburg" unter der Leitung von Dr. med. Herbert Sieweke, sowie vorausgehend an dessen „Studien-Kursen für Medizin-Studenten" am Goetheanum. 1992 Einrichtung und über 20 Jahre Leitung der „Anthroposoposophisch-Medizinischen Studenten-Gruppe" am Univ.-Krankenhaus Hamburg. Langjährige, kontinuierliche und noch andauernde Tätigkeit in diversen Arbeitsgruppen über „Die Philosophie der Freiheit". Seit Studenten-Zeiten Arbeit an allen vorausgehenden erkenntniswissenschaftlichen Schriften Rudolf Steiners und in Arbeitsgruppen über dessen schriftliches und Vortrags-Werk etc.

Kai Gabriel Priebe
Hamburg
dr.kai.priebe@posteo.de

FSC
www.fsc.org

MIX

Papier | Fördert
gute Waldnutzung

FSC® C083411

Zeitfracht Medien GmbH
Ferdinand-Jühlke-Straße 7
99095 Erfurt, Deutschland
produktsicherheit@kolibri360.de